सोच बदलो जीवन बदलो

(सदविचारों की रोशनी दुर्भाग्य के अंधकार को खत्म कर देती है)

लेखक

सूर्या सिन्हा

(मानव प्रशिक्षक एवं समाज सेवक)

डायमंड बुक्स

www.diamondbooks.in

प्रकाशक : डायमंड पॉकेट बुक्स (प्रा.) लि.
X-30 ओखला इंडस्ट्रियल एरिया, फेज-II
नई दिल्ली - 110020
फोन : 011- 40712200
ई-मेल : wecare@diamondbooks.in
वेबसाइट : www.diamondbooks.in
संस्करण : 2025
मुद्रक : (रेप्रो इंडिया)

Soch Badlo, Jeevan Badlo

by *Surya Sinha*

सोच बदलो, जीवन बदलो

विषय सूची

खंड - 1

खंड - 2

समर्पण

यह पुस्तक समर्पित है
माता वैष्णों देवी
के चरणों में, जिनकी मुझ पर
अपार कृपा है।

शुभकामनाओं के साथ एक मूल्यवान भेंट

प्रिय स्नेही,

श्री/श्रीमती/कुमारी ____________________

मुझे अत्यंत प्रसन्नता हो रही है कि अपने स्नेह और शुभकामनाओं के साथ मैं आपको यह पुस्तक भेंट कर रहा/रही हूँ।

जीवन को संवारने, श्रेष्ठता प्राप्त करने और इसके मूल उद्देश्य को समझने के लिए जिस गहरी दृष्टि की आवश्यकता होती है, सूर्या सिन्हा की यह पुस्तक वही दृष्टि प्रदान करती है। यह पुस्तक आपके सामने विचारों की अद्भुत दुनिया को खोलने का मार्ग दिखाएगी। सूर्या जी के विचारों का मंथन बेहद सटीक और उपयोगी है, साथ ही विचारों की दिव्यता, व्यापकता और उनके जीवन पर प्रभाव को बहुत ही प्रभावशाली तरीके से प्रस्तुत किया गया है।

सकारात्मक विचारों की शक्ति और नकारात्मक विचारों से होने वाले नुकसान की जो तुलना उन्होंने की है, उसने इस पुस्तक को एक सच्चे मार्गदर्शक मित्र के रूप में स्थापित कर दिया है।

मेरी हार्दिक इच्छा है कि आपका जीवन दिव्य, श्रेष्ठ और सुख-शांति एवं सफलता से परिपूर्ण हो। मुझे पूरा विश्वास है कि इस उद्देश्य की प्राप्ति के लिए यह पुस्तक आपके लिए एक बहुमूल्य साथी सिद्ध होगी। इसी विश्वास के साथ यह पुस्तक आपको भेंट कर रहा/रही हूँ।

आपका/आपकी शुभेच्छु

(भेंटकर्ता)

अगर आप अपने जीवन में कुछ करना चाहते हैं, सफलता प्राप्त करना चाहते हैं, या परेशानियों और मुसीबतों से बाहर निकलना चाहते हैं, तो इसका सबसे अच्छा तरीका यह है कि आप ऐसे लोगों की तलाश करें जो आपकी ही तरह आगे बढ़ना चाहते हों और सकारात्मक तथा उच्च विचार रखते हों। फिर उनके साथ मिलकर, पूरी लगन और सच्ची निष्ठा के साथ आगे बढ़ें। आपको सफलता अवश्य मिलेगी।

- सूर्या सिन्हा

दो बातें आपसे

दोस्तों, यह पुस्तक अब आपके हाथों में है। इससे पहले कि आप इसे पढ़ना शुरू करें, मैं आपसे अपने दिल की कुछ बातें साझा करना चाहता हूँ। सबसे पहले, मैं यह बताना चाहता हूँ कि मैंने यह पुस्तक क्यों लिखी।

दरअसल, अगर हम मानव जीवन का अध्ययन करें, तो पाएंगे कि यह हमेशा उतार-चढ़ाव से भरा रहता है। जीवन के हर मोड़ पर कुछ न कुछ चुनौतियाँ और अवसर हमारे सामने आते हैं। कभी हमारे जीवन में खुशियों की बारिश होती है, तो कभी दुखों का तूफान दस्तक देता है। अधिकतर लोग इन सुख-दुख को भाग्य या पूर्वजन्म के कर्मों से जोड़कर देख लेते हैं। कुछ लोग इन परिस्थितियों को कर्मों का फल मानकर उनसे किनारा कर लेते हैं। हो सकता है कि इन बातों में कुछ सच्चाई हो, लेकिन सुख, शांति, समृद्धि और संतोष को लेकर मेरा नजरिया थोड़ा अलग है।

मेरे जीवन के अनुभवों के आधार पर मैं यह कहना चाहूंगा कि मनुष्य का जीवन सबसे अधिक उसके विचारों से प्रभावित होता है। वर्षों के अनुभवों से मैंने यही सीखा है कि हमारे विचार ही हमारे सुख-दुख, शांति-अशांति, सफलता-असफलता और संतोष-असंतोष का मुख्य कारण होते हैं। हमारे विचारों में इतनी शक्ति होती है कि वे हमारे जीवन को पूरी तरह बदल सकते हैं। जहाँ एक सकारात्मक और सुंदर विचार

हमारे जीवन को सुगंधित फूलों की तरह महका सकता है, वहीं एक नकारात्मक विचार हमारे जीवन को तहस-नहस कर सकता है।

मानव व्यवहार के इस अध्ययन और अनुभव से प्रेरित होकर ही मैंने यह पुस्तक लिखी है, ताकि आप भी इस अद्भुत शक्ति को समझें और अपने जीवन में इसे अपनाकर अपने विचारों को सकारात्मक दिशा दें।

सच कहूं दोस्तों, मेरा सबसे गहरा सपना है कि मैं प्रेरक और ज्ञानवर्धक पुस्तकें लिखकर इस दुनिया में अपनी अमिट छाप छोड़ूं। मैं चाहता हूं कि जब मैं इस दुनिया से चला भी जाऊं, तब भी मेरे विचार, मेरे शब्द, मेरी लिखी पुस्तकें लोगों के जीवन में प्रेरणा का संचार करती रहें। यह मेरा सपना नहीं, बल्कि मेरी आत्मा की पुकार है कि जब भी कोई मेरी किताबों को छुए, उनमें मेरे विचारों की गर्माहट महसूस करे।

चाहे मेरी पुस्तकें किसी की कॉफी टेबल पर रखी हो, या किसी अलमारी के ड्रॉर में वर्षों से धूल खा रही हो, फिर भी मेरी उपस्थिति उनमें बरकरार रहे। क्योंकि मेरा विश्वास है कि ज्ञान का कोई समय नहीं होता, वह हर समय प्रासंगिक होता है। मुझे सुकून तब मिलेगा जब मेरी किताबें किसी के जीवन को बदलने का कारण बनेंगी, किसी उदास मन को उम्मीद और हिम्मत का अहसास दिलाएंगी।

मुझे इस बात से फर्क नहीं पड़ता कि मेरे जाने के बाद मेरे नाम की चर्चा कितनी होती है, लेकिन यह ज़रूर चाहता हूं कि मेरे लिखे शब्द उस दिल को छू जाएं जो जीवन में आगे बढ़ने की राह तलाश रहा हो। जब मेरी किताबें किसी के हाथों में हों, तो वे मेरे विचारों को जीवित महसूस करें, मानो मैं वहीं हूं, उनके साथ, उनके संघर्षों और सपनों के साथ।

मेरी किताबें, चाहे धूल से ढकी ही क्यों न हों, मगर उनका हर शब्द, हर पन्ना किसी को नई दिशा देने की ताकत रखता हो। यही मेरी सबसे बड़ी ख्वाहिश है— कि मेरे शब्द समय के साथ धुंधले न हों, बल्कि लोगों के जीवन को रोशनी देते रहें, उनके विचारों और उनके रास्तों को प्रेरित करते रहें। यही मेरे जीवन का सबसे सच्चा सपना है, और मैं चाहता हूं कि यह सपना मेरी विरासत बने।

दोस्तों, आज मैं आपसे अपनी दिल की गहराइयों से जुड़ी एक ऐसी कहानी भी साझा करना चाहता हूँ, जो मेरे जीवन का आधार रही है। पहले भी मैंने अपनी पुस्तकों

में कई निजी अनुभव साझा किए हैं, लेकिन आज जो मैं आपसे कहने जा रहा हूँ, वह मेरे जीवन की सबसे महत्वपूर्ण सीखों में से एक है।

करीब 25 साल पहले, मैं एक सफल टीवी सीरियल और फिल्म संपादक हुआ करता था। मेरी जिंदगी का हर लम्हा एक फिल्म के दृश्य की तरह मेरी आँखों के सामने घूमता है। उस दौर में, मेरे संपादित सीरियल्स हर प्रमुख चैनल पर दिखाए जाते थे। यह वह समय था जब सफलता मेरी सबसे बड़ी पहचान थी। सफलता के शिखर पर पहुँचते ही मेरे मन में यह विश्वास घर कर गया था कि अब मैं जो भी करूंगा, उसमें मुझे सफलता ही मिलेगी। लेकिन जैसे ही मैंने फिल्म डिस्ट्रीब्यूशन के व्यवसाय में कदम रखा, मेरे इस भ्रम का पर्दाफाश हो गया। मुझे असफलता का सामना करना पड़ा और मैं लगभग कंगाल हो गया।

इस व्यवसाय में मैंने बहुत बड़ा घाटा उठाया। मेरे अपने साझेदारों ने मुझे धोखा दिया, और जैसे ही मेरा वक्त बदला, वही लोग जिन्होंने मेरा समर्थन करने का वादा किया था, मुझसे दूर हो गए। उस समय मुझे यह एहसास हुआ कि जब कोई इंसान अर्श से फर्श पर गिरता है, तो वह कितनी तकलीफ से गुजरता है। उस दर्द और असफलता के दौर ने मुझे अंदर से तोड़ने की कोशिश की, लेकिन मैंने अपने आत्मविश्वास को टूटने नहीं दिया।

मैंने अपने जीवन की शुरुआत नए सिरे से करने का निर्णय लिया। इस दौरान कई बार नकारात्मक विचारों ने मेरे मन में दस्तक दी, लेकिन मेरी सकारात्मक सोच के सामने वे टिक नहीं सके। मैंने कई ध्यान शिविरों में भाग लिया, प्रेरणादायक किताबें पढ़ीं और सफल लोगों की जीवनियाँ देखीं। इन सबसे मुझे नई प्रेरणा और ऊर्जा मिली।

एक विशेष विचार ने मुझे गहराई से प्रभावित किया— "वृक्ष कटने के बाद भी हरा-भरा हो सकता है, यदि उसकी जड़ें सलामत हों।" इस वाक्य ने मेरे भीतर नई उम्मीदें और नए जोश का संचार किया। मुझे एहसास हुआ कि मेरी सोच की जड़ें अब भी मजबूत हैं, और इन्हीं जड़ों ने मुझे दोबारा खड़ा होने का साहस दिया। मैंने अपनी जिंदगी को नए सिरे से शुरू किया और एक जाने-माने मानव प्रशिक्षक और लेखक के रूप में अपनी पहचान बनाई। मेरी किताबें लोगों ने सराहीं और बेस्ट सेलर बनीं।

फिर मैंने नेटवर्क मार्केटिंग पर गहन अध्ययन किया और इस विषय पर कई

किताबें लिखीं। लोग मेरी आलोचना करने लगे कि नेटवर्क मार्केटिंग पर लिखना आसान है, लेकिन उसे करना बहुत मुश्किल। इस चुनौती को स्वीकार करते हुए मैंने एक विदेशी नेटवर्क मार्केटिंग कंपनी को बतौर साधारण डिस्ट्रीब्यूटर जॉइन किया। तीन साल में मैं इंडिया का टॉप डिस्ट्रीब्यूटर बन गया, और पाँचवे साल में दुनिया का चौथा सबसे बड़ा अर्नर। लोग मुझे जादूगर कहने लगे, लेकिन मेरा उद्देश्य सिर्फ पैसा कमाना नहीं था। मैंने उस टॉप पोजिशन पर होते हुए भी इस्तीफा दे दिया, क्योंकि मेरा असली मकसद कुछ और था—समाज और देश के लिए कुछ ऐसा करना, जिससे मैं लोगों के दिलों में जिंदा रह सकूं।

मेरा मकसद सिर्फ खुद को साबित करना या दौलत बटोरना नहीं है। मेरा मकसद है, समाज के लिए ऐसा कुछ करना जिससे लोग मेरे अनुभवों से प्रेरित हों और अपनी जिंदगी को एक नई दिशा दे सकें। इसी भावना से मैं लगातार प्रेरक और ज्ञानवर्धक किताबें लिखता हूँ,

अब बात करते है इस पुस्तक को लिखने के मुख्य कारण कि तो जब मैंने खुद अपने विचारों की शक्ति का अपने जीवन पर इतना प्रभावी परिणाम देखा, तो मुझे लगा कि मुझे इस जादू से अपने पाठकों को भी अवगत कराना चाहिए। यही विचार इस पुस्तक की बुनियाद बना। इसलिए मैं अपने जीवन के सभी कठिन दौर को इस पुस्तक की बुनियाद का दौर मानता हूँ।

दोस्तों! वर्षों के अनुभव से मैंने यह जाना है कि सकारात्मक विचार जादू की तरह काम करते हैं। नकारात्मक विचार जहाँ व्यक्ति को निराशा के अंधकार में धकेलते हैं, वहीं सकारात्मक और आशावादी विचार उसे विकास की ऊँचाइयों तक पहुँचाते हैं।

इस पुस्तक में मैंने सकारात्मक और नकारात्मक विचारों के बारे में विस्तार से बताया है। इन दोनों के लाभ और हानि को स्पष्ट किया है। पुस्तक को अधिक उपयोगी बनाने के लिए इसे दो खंडों में बाँटा है।

खंड एक में विचारों की आधारभूमि, उनका दर्शन और जीवन पर उनके प्रभाव को प्रस्तुत किया गया है। वहीं, खंड दो में मैंने विचारों को जीवन उपयोगी सूत्र में बदलने के तरीके पर प्रकाश डाला है। मेरी यह आशा है कि यह पुस्तक आपके जीवन में सकारात्मक बदलाव लाएगी और आपको सफलता की ओर प्रेरित करेगी।

बस एक बार पूरी एकाग्रता से इस पुस्तक को पढ़ें और देखें कि सकारात्मक विचारों का जादू आपके जीवन में क्या रंग भरता है!

आपका

सूर्या सिन्हा

E-mail : suryasinha101@gmail.com

website : www.suryasinha.com

यदि आपने कोई विचार किया है, तो यह अच्छी बात है। यदि आपने दोबारा उस पर मनन किया है, तो यह बुद्धिमत्ता है। और यदि आपने उस विचार को अमल में लाने का कदम उठाया है, तो वह सफलता की ओर बढ़ाया गया कदम बन जाता है।

- सूर्या सिन्हा

“ सोच बदलो, जीवन बदलो”

खंड - 1

आपका जीवन वैसा ही होता है, जैसा आप सोचते हैं। अगर आपकी सोच सकारात्मक और अच्छी होगी, तो आपका जीवन भी बेहतर बनेगा। अगर आप बदलाव चाहते हैं, तो पहले अपनी सोच को बदलें। सोचने का तरीका बदलने से आपकी जिंदगी और परिस्थितियाँ भी बदल जाती हैं। आपकी सोच ही आपकी दुनिया को बनाती है।

- सूर्या सिन्हा

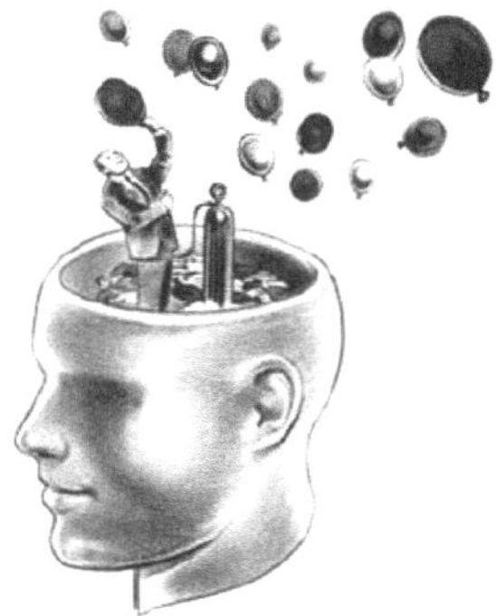

अध्याय - 1

सकारात्मक विचार क्या है?

दोस्तों! इस पुस्तक में हम जिन सकारात्मक विचारों की बात करने जा रहे हैं, वे आखिर क्या हैं? सबसे पहले हम विचारों की परिभाषा से शुरू करते हैं।

दरअसल, हमारी सोच ही हमारे विचार होते हैं। हमारे मन में जो संकल्प-विकल्प उठते हैं और जो कल्पनाएँ हम करते हैं, वे सभी हमारे विचार हैं।

विचारों के भी कई प्रकार होते हैं, जैसे:

☞ सकारात्मक विचार

☞ नकारात्मक विचार

☞ आशावादी विचार

☞ निराशावादी विचार

☞ सात्विक विचार

☞ दूषित विचार

☞ वैराग्यवादी विचार

☞ मोह-माया से ग्रसित विचार

वर्तमान दौर में

आधुनिक मनुष्य, भले ही शिक्षित हो, फिर भी संतुष्ट और खुशहाल नहीं है। इसका कारण एक गलत मानसिकता है। देखा गया है कि अधिकांश लोग कई प्रकार के नकारात्मक विचारों से प्रभावित हैं। आज व्यक्ति के दुख और अशांति का मुख्य कारण यही है कि उसने अच्छे विचारों के साथ-साथ नकारात्मक और व्यर्थ विचारों को भी अपने मन में स्थान दे दिया है, जो कि सही नहीं है।

अधिकतर लोग अच्छा कम और बुरा अधिक सोचते हैं। वे तस्वीर का उजला पक्ष कम और स्याह पक्ष अधिक देखते हैं। वे अच्छे परिणामों की आशा कम और बुरे परिणामों की आशंका से अधिक घिरे रहते हैं। जबकि प्रत्येक क्षेत्र में प्रगति के लिए यह आवश्यक है कि मनुष्य सकारात्मक दृष्टिकोण और आशावादी सोच रखे। बुरे और दूषित विचारों के बजाय सात्विक और सकारात्मक विचारों का संग्रह करें।

अधिकांश लोग अपने मस्तिष्क में बेकार की बातों से घिरे होते हैं। वे या तो बीते कल की घटनाओं, हानियों, शत्रुताओं और दुर्घटनाओं के विचारों में उलझे रहते हैं, या भविष्य में आने वाली परेशानियों और खतरों के भय में जीते रहते हैं। इस कारण वे आज में नहीं जी पाते और न ही कुछ अच्छा सोचने या करने का अवसर प्राप्त कर पाते हैं। इस दृष्टिकोण से उनका वर्तमान, कल की चिंताओं में नष्ट होता रहता है और वे जीवन की दौड़ में पीछे छूट जाते हैं।

सकारात्मक सोच के लाभ

अगर आप अपने विचारों को सुंदर और सकारात्मक बनाएँगे, तो आपको अपनी दुनिया भी खुबसूरत दिखाई देगी। एक सकारात्मक सोच वाला व्यक्ति :

- क्रोध नहीं करता और बात-बात पर उत्तेजित नहीं होता।
- अहंकार में नहीं रहता और दूसरों को पूरा सम्मान देता है। हर किसी की बात ध्यान से सुनता है।

- किसी प्रकार की कुंठा का शिकार नहीं होता। यदि कोई समस्य होती है, तो उसका समाधान खोजता है।
- किसी परिस्थिति का स्याह पक्ष नहीं देखता, बल्कि सदैव उसका उज्जवल और उन्नति वाला पक्ष देखता है।
- कैसी भी परिस्थिति हो, कभी भी गलत रास्ते पर नहीं चलता। सत्य और ईमानदारी में पूर्ण विश्वास रखता है।
- अपने मन-मस्तिष्क में नकारात्मक विचारों को प्रवेश नहीं करने देता।
- हमेशा आशावादी रहता है और दूसरों को भी प्रेरणा देता है।

नकारात्मक सोच के नुकसान

नकारात्मक सोच वाला व्यक्ति :

- ✓ बात-बात पर उत्तेजित और क्रोधित हो जाता है।
- ✓ किसी न किसी प्रकार के अहंकार में डूबा रहता है।
- ✓ हमेशा अहंकारपूर्ण व्यवहार करता है और दूसरों को महत्व नहीं देता।
- ✓ अभावों और असफलताओं से कुंठित रहता है और निराशा तथा भय में जीता है।
- ✓ समस्या का समाधान करने की बजाय झुंझलाहट में समय बर्बाद करता है।
- ✓ जल्दबाजी में निर्णय लेता है और हानि होने पर दूसरों को दोषी टहराता है।
- ✓ अपने मन-मस्तिष्क पर 'मैं श्रेष्ठ हूँ' की सोच को हावी रखता है।
- ✓ हमेशा तस्वीर का नकारात्मक पक्ष ही देखता है और असफलताओं की बातें करके दूसरों का हौसला तोड़ता है।
- ✓ छोटी सी कठिनाई आने पर भी गलत मार्ग पर चल पड़ता है और झूठ व बेईमानी से परहेज नहीं करता।

याद रखें :

अब आपको यह स्पष्ट हो ही गया होगा कि सकारात्मक और नकारात्मक सोच के बीच कितना बड़ा अंतर है। अब यह निर्णय आप पर निर्भर है कि आप किस सोच के व्यक्ति हैं।

अच्छी सोच वाला व्यक्ति हमेशा क्रोध, कुंठा, कुसंग, कुदृष्टि, कुमार्ग, कुकृत्यों और कुविचारों से दूर रहता है। जो इन विकारों का शिकार है, उसकी सोच सकारात्मक हो ही नहीं सकती।

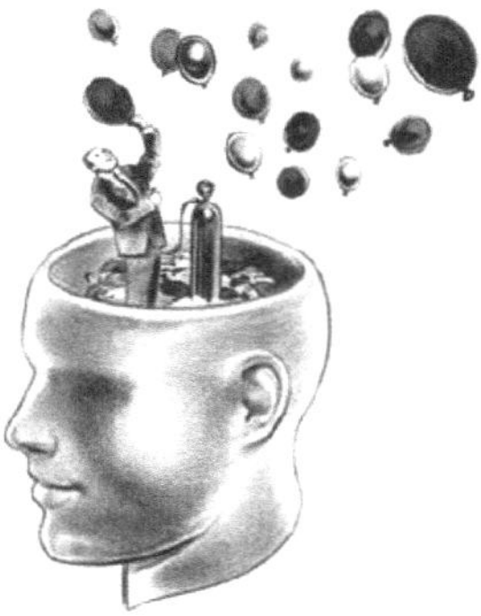

अध्याय - 2

एक विचार पूरा जीवन बदल सकता है

क्या हम अपनी जीवन यात्रा के महत्वपूर्ण पड़ावों और अवसरों को कभी रुककर गहराई से देखते हैं? यदि नहीं, तो मैं बताता हूँ कि ऐसा करना क्यों आवश्यक है। हमें विचारों का जादू देखना है, और इसे समझने का रहस्य यही है कि हम अपने जीवन के प्रत्येक भाव को गहराई से समझें और तभी आगे बढ़ने का निर्णय लें।

भूलिए मत, समाजशास्त्रियों और मनोचिकित्सकों का मानना है कि अधिकांश दुख, भय, उत्साहहीनता, विपत्तियाँ, संकट, या अवसाद मनुष्य के अपने ही विचारों की उपज होते हैं। इसे इस तरह कहा जा सकता है :

विचार ही मनुष्य का जीवन है और विचार ही उसकी मृत्यु।

एक विद्वान का प्रसिद्ध कथन है : "विचारों के अनुसार ही व्यक्ति के भविष्य का निर्माण या ध्वंस होता है।"

एक सही विचार व्यक्ति को सफल बना सकता है, और एक गलत विचार उसका जीवन नर्क बना सकता है।

उपनिषदों में कहा गया है : "दुष्ट विचार ही मनुष्य को दुष्ट कर्म की ओर ले जाते हैं।"

यदि आपके विचार नकारात्मक हैं, तो आपके मन में भय, उत्साहहीनता, और शंकाएं

जन्म लेंगी, लेकिन कल्याण की भावना नहीं। नकारात्मक विचार व्यक्ति को धीरे-धीरे कमजोर बना देते हैं। उसका उत्साह समाप्त हो जाता है, और उसके निर्णय लेने की क्षमता घट जाती है। वह गलत फैसले लेने लगता है और समझदारी, सूझबूझ, दूरदर्शिता, धैर्य, और संतुलन जैसे गुणों को खो देता है। जबकि इन गुणों की जीवन में सफलता प्राप्त करने के लिए कितनी आवश्यकता होती है, यह हम सभी जानते हैं।

इतिहास साक्षी है

जब किसी व्यक्ति पर संकट आता है या अचानक किसी बड़े काम की जिम्मेदारी मिलती है, तभी उसके साहस और धैर्य की असली परीक्षा होती है। दरअसल, अकस्मात पैदा हुई कठिनाई ही व्यक्ति के साहस, सूझबूझ और निर्णय लेने की क्षमता की पहचान कराने का समय होती है।

ऐसे समय में वही व्यक्ति परिस्थितियों पर नियंत्रण पा सकता है, जो अपनी शांति, सहजता, धैर्य और विचार शक्ति को नष्ट नहीं होने देता। ऐसा व्यक्ति न तो परिस्थितियों के बेकाबू होने पर घबराता है, न ही अपने इरादों से डिगता है। वह निरंतर प्रयास करता रहता है, और धीरे-धीरे उसकी गाड़ी फिर से पटरी पर आ जाती है। जीवन फिर से सामान्य और खुशहाल हो जाता है।

किसी ने सही कहा है : **"संकट की घड़ी में आप अपने विचारों से विश्वास मत खोइए, और फिर देखिए, कैसे संकट आपके सामने घुटने टेकता है।"**

आइए विचारों की शक्ति को महात्मा गांधी, अब्राहम लिंकन, और निकोला टेस्ला के जीवन से जोड़कर देखें:

महात्मा गांधी : सत्य और अहिंसा का विचार : महात्मा गांधी का जीवन इस बात का जीवंत उदाहरण है कि एक विचार कैसे संपूर्ण राष्ट्र की दिशा बदल सकता है। दक्षिण अफ्रीका में, गांधीजी को एक ट्रेन से अपमानजनक तरीके से बाहर फेंक दिया गया था। उस घटना ने उनके भीतर क्रांति का बीज बोया, और उन्होंने अपने जीवन का सबसे महत्वपूर्ण विचार अपनाया – **सत्य और अहिंसा।**

यही विचार उनके जीवन का मूल मंत्र बन गया। उनके मन में यह गहराई से बस गया कि **"सत्य और अहिंसा से ही दुनिया में बदलाव लाया जा सकता है"**। उन्होंने

अहिंसा के मार्ग पर चलकर ब्रिटिश साम्राज्य की नींव हिला दी और भारत को आजादी दिलाई। यह केवल एक विचार की शक्ति थी, जिसने एक अकेले व्यक्ति को पूरी दुनिया में शांति और स्वतंत्रता का प्रतीक बना दिया।

गांधीजी ने एक बार कहा था, **"एक विचार व्यक्ति को बदल सकता है, और व्यक्ति समाज को"।** यह विचार ही था जिसने उन्हें महानायक बना दिया और उनके विचारों ने करोड़ों लोगों के दिलों में स्वतंत्रता का दीप जलाया।

अब्राहम लिंकन : समानता का विचार : अब्राहम लिंकन का जीवन भी विचारों की शक्ति का अद्वितीय उदाहरण है। जब उन्होंने अमेरिका का राष्ट्रपति पद संभाला, तो देश दासता के मुद्दे पर बंटा हुआ था। लिंकन ने यह दृढ़ निश्चय किया कि **"सभी मनुष्य बराबर पैदा होते हैं"** और यह विचार उनके लिए जीवन का मार्गदर्शक बना।

उनकी विचारधारा ने उन्हें अमेरिकी गृहयुद्ध में नेतृत्व किया, जहाँ उन्होंने न केवल अमेरिका को एकजुट रखा, बल्कि दासता को भी समाप्त किया। एक व्यक्ति, जिसने अपने विचारों की शक्ति से अमेरिका का भविष्य बदल दिया, उनके शब्दों में कहा जा सकता है:

"मैं धीरे-धीरे और ठोस तरीके से सोचता हूँ, और उसी के अनुसार कार्य करता हूँ।"

लिंकन की यह सोच थी कि समानता और स्वतंत्रता के बिना कोई भी राष्ट्र विकसित नहीं हो सकता। यही विचार उन्हें अमेरिका का महानायक बना गया, और उनकी मृत्यु के बाद भी उनके विचार करोड़ों लोगों को प्रेरित करते हैं।

निकोला टेस्ला : अनंत संभावनाओं का विचार: निकोला टेस्ला के विचारों ने दुनिया को उस रूप में बदल दिया, जैसा हम आज देखते हैं। टेस्ला का जीवन इस बात का प्रमाण है कि कैसे **"सोच की कोई सीमा नहीं होती"।** जब अन्य लोग सोच भी नहीं सकते थे, तब टेस्ला ने विज्ञान और तकनीक की दुनिया में अद्भुत आविष्कार किए।

टेस्ला के विचारों का एक बहुत ही प्रसिद्ध उदाहरण उनकी एसी **(अल्टरनेटिंग करंट)** प्रणाली है। उस समय जब डीसी (डायरेक्ट करंट) प्रणाली को मान्यता प्राप्त थी, टेस्ला ने अपने विचारों के आधार पर एक नई एसी प्रणाली का आविष्कार किया। उन्हें लगातार नकारात्मक प्रतिक्रिया का सामना करना पड़ा, लेकिन उन्होंने अपने विचार पर अडिग रहते हुए एसी को सफलतापूर्वक स्थापित किया।

टेस्ला का मानना था कि **"अगर आप अपने विचारों पर विश्वास करते हैं, तो आपकी कल्पनाएं हकीकत बन सकती हैं"।** यह उनके विचारों की शक्ति ही थी जिसने आधुनिक दुनिया को बदल दिया, और आज हम उनके आविष्कारों के बिना दुनिया की कल्पना भी नहीं कर सकते।

दोस्तों यहाँ मैं आपको ये अवश्य बताना चाहूंगा कि विचारों की शक्ति के पीछे गहरा वैज्ञानिक आधार है। न्यूरोसाइंस के अनुसार, हमारे विचार हमारे मस्तिष्क में न्यूरॉन्स के बीच बनने वाले कनेक्शनों को प्रभावित करते हैं। जब हम बार-बार एक ही प्रकार के विचार करते हैं, तो हमारे मस्तिष्क में एक विशिष्ट न्यूरॉन पैटर्न बनता है, जिसे न्यूरोप्लास्टीसिटी कहते हैं। सकारात्मक विचार हमारे मस्तिष्क को नए और स्वस्थ कनेक्शनों के लिए प्रेरित करते हैं, जिससे हमारे व्यवहार में सुधार आता है, आत्मविश्वास बढ़ता है और निर्णय क्षमता में निखार आता है।

इसके विपरीत, नकारात्मक विचार मस्तिष्क में तनाव और चिंता के हार्मोन जैसे कॉर्टिसोल का स्राव बढ़ाते हैं, जो हमारी सोचने-समझने की क्षमता को कमजोर कर देता है। इस प्रकार, विचार न केवल हमारे मानसिक स्वास्थ्य को बल्कि हमारे जीवन के हर पहलू को प्रभावित करते हैं। सही विचारों का चुनाव जीवन की दिशा बदल सकता है।

इसीलिए, एक सही विचार ही वह बीज है जिससे सफलता, परिवर्तन, और महानता की फसल उगाई जा सकती है। विचारों की इस शक्ति को पहचानें, उसे गहराई से समझें, और अपने जीवन को सकारात्मक दिशा में मोड़ने के लिए उसका उपयोग करें।

याद रखें :

"एक विचार ही जीवन बदल सकता है।"

दोस्तों!

विचारों की ही सारी माया है। विचार ही दुनिया को जीतता है और विचार ही शासन करता है। जिसके पास सकारात्मक विचार हैं, वह जीवन के हर क्षेत्र में विजयी हो सकता है।

महान विचारक महर्षि अरविंद ने कहा है :

"यदि जड़ मजबूत है, तो विचार सर्वशक्तिमान हैं। इस विचार को अपने जीवन में उतारो और अपने आपको शक्तिशाली, महिमान्वित और गौरवशाली अनुभव करो। ईश्वर करे कि आपके मस्तिष्क में किसी बुरे संस्कार को स्थान न मिले। ईश्वर करे कि हम ऐसे वातावरण से दूर रहें, जो कुसंस्कार डालता है, और बुरे विचारों से बचें।"

जहाँ आपका साहस आपका सौभाग्यशाली मित्र बनता है, वहीं आपका दुस्साहस आपकी भयंकर विपत्ति का कारण बन जाता है।

- सूर्या सिन्हा

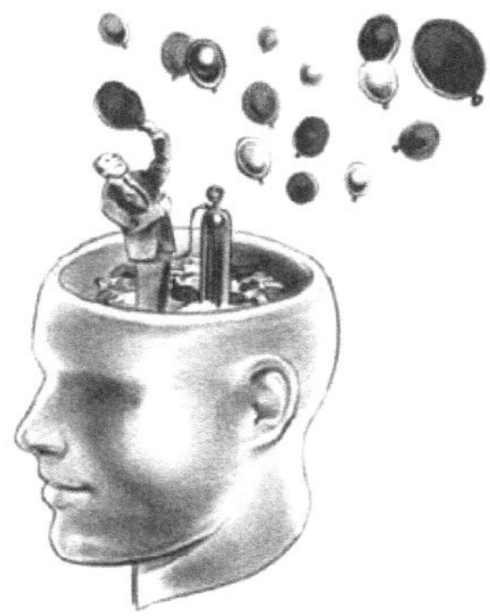

अध्याय - 3

पुराने विचार छोड़ें, नए अपनाएं

विचारों की शक्ति हमारे जीवन का सबसे महत्वपूर्ण पहलू है। जिस तरह से हम सोचते हैं, उसी तरह हम जीते हैं। विचार ही हमारे व्यक्तित्व, आदतों और भविष्य को आकार देते हैं। लेकिन, यदि हम हमेशा पुराने और निष्प्रभावी विचारों से चिपके रहेंगे, तो हम जीवन में आगे बढ़ने से चूक सकते हैं। समय बदल रहा है, और इसी के साथ हमें भी अपने विचारों को अपडेट करना आवश्यक है।

विचारों को साफ़ करना क्यों ज़रूरी है ?

विचारों का जादू देखने और उन्हें जीवन में उतारने के लिए सबसे पहला कदम है- **अपने मन और मस्तिष्क को साफ़ करना।** हमारा मस्तिष्क पुराने, बेकार, और रूढ़िवादी विचारों से भर जाता है, जिनका अब कोई उपयोग नहीं होता। उदाहरण के तौर पर, यदि हम किसी असफल घटना या दुखद अनुभव को लगातार अपने मन में रखते हैं, तो यह हमारी सोच को बंद कर देता है और हम नये अवसरों और विचारों की ओर नहीं देख पाते।

हालांकि, हर पुराना विचार बेकार नहीं होता। लेकिन हमें समय-समय पर अपने विचारों की समीक्षा करनी चाहिए। यह देखना जरूरी है कि क्या वे विचार आज के समय और हमारी आवश्यकताओं के अनुरूप हैं या नहीं। उदाहरण के लिए, जो विचार 20 साल

पहले प्रासंगिक थे, वे आज के तेज़ी से बदलते युग में शायद काम न आएं।

हमारा मस्तिष्क भी एक कंप्यूटर की तरह कार्य करता है। इसमें अनगिनत विचार, योजनाएँ और स्मृतियाँ संजोए रहते हैं। इनमें से कई फाइलें बेकार होती हैं, जो भविष्य में किसी काम की नहीं होतीं। यह हमारी सोचने की क्षमता को धीमा कर देती हैं। जैसे कंप्यूटर में बेकार की फाइलें जगह घेर लेती हैं, वैसे ही पुराने और नकारात्मक विचार हमारी मस्तिष्क की कार्यक्षमता को प्रभावित करते हैं।

अक्सर, लोग अपने पुराने हादसों और दुखद अनुभवों को अपने मन में कैद रखते हैं। यह उनकी वर्तमान सोच पर नकारात्मक प्रभाव डालता है और उन्हें आगे बढ़ने से रोकता है। जीवन एक निरंतर चलने वाली यात्रा है, जिसमें उतार-चढ़ाव आते रहते हैं। लेकिन, जो लोग अपने दुखद अनुभवों में उलझे रहते हैं, वे अपनी यात्रा में ठहर जाते हैं।

जीवन का एक बड़ा सत्य यह है कि जो आज है, वह कल नहीं रहेगा। प्रकृति का यह नियम है कि हर चीज़ बदलती रहती है। इसलिए, यदि हम किसी एक घटना या विचार पर रुक जाते हैं, तो हम जीवन के स्वाभाविक प्रवाह से कट जाते हैं।

समझदार व्यक्ति वही होता है जो अपनी असफलताओं से सीखकर आगे बढ़ता है। वह जीवन की हर घटना को एक अनुभव मानता है, न कि उसे अपनी पूरी यात्रा मानकर वहीं रुक जाता है। जो लोग अपने विचारों को समय के अनुसार बदलते रहते हैं, वही जीवन में सफलता प्राप्त कर पाते हैं।

नकारात्मक विचार, जीवन की प्रगति को रोकते हैं - नकारात्मक विचार धीरे-धीरे हमारे मस्तिष्क और मन पर हावी हो जाते हैं। वे हमारी सकारात्मक सोच को कमजोर कर देते हैं और हमें निर्णय लेने में असमंजस में डाल देते हैं। जब हम नकारात्मक विचारों के घेरे में होते हैं, तो हमारी सोचने-समझने की क्षमता भी प्रभावित होती है। हम सही फैसले नहीं ले पाते और जीवन में सफलता से दूर होते चले जाते हैं।

विपरीत परिस्थितियों में व्यक्ति के विचारों की असली परीक्षा होती है। अगर हम अपने विचारों को सकारात्मक और स्थिर रख सकें, तो हम किसी भी चुनौती का सामना आसानी से कर सकते हैं। ऐसे समय में वही व्यक्ति सफलता प्राप्त करता है जो अपने विचारों में स्थिरता और साहस बनाए रखता है।

आज का युग तेजी से बदल रहा है। हर दिन नए आविष्कार और नई तकनीकें

सामने आ रही हैं। ऐसे में, अगर हम पुराने विचारों से चिपके रहेंगे, तो हम जीवन की दौड़ में पिछड़ जाएंगे। हमें अपने विचारों में नवीनता लानी होगी।

विचारों में नवीनता से ही जीवन में विकास और प्रगति होती है। जो लोग अपने विचारों को लगातार ताजगी और रचनात्मकता से भरते रहते हैं, वे जीवन के हर क्षेत्र में सफल होते हैं। उदाहरण के तौर पर, जो व्यक्ति नई संभावनाओं की तलाश करता है और अपने विचारों को सकारात्मक बनाए रखता है, वही जीवन में नई ऊँचाइयों तक पहुँच पाता है।

नए विचारों का स्वागत करना बहुत जरूरी है। यदि हम अपने विचारों को ताजा नहीं करेंगे, तो हम वहीं अटके रहेंगे, जहाँ से हमने शुरुआत की थी। इसलिए, हमें अपनी सोच में सकारात्मकता और नवीनता लानी होगी। नए विचार हमें जीवन में नई दिशा देते हैं और हमें उन अवसरों की ओर ले जाते हैं, जिन्हें हम पहले नहीं देख पाते थे।

नए विचार न केवल हमारे जीवन को बदलते हैं, बल्कि हमारे आस-पास के लोगों और समाज को भी प्रेरित करते हैं। जब हम सकारात्मक और ऊँचे विचार रखते हैं, तो हमारी ऊर्जा और दृष्टिकोण दूसरों को भी प्रेरित करते हैं।

अपने मस्तिष्क को अपडेट करें : किसी भी कंप्यूटर को सही तरीके से काम करने के लिए अपडेट की आवश्यकता होती है। ठीक उसी तरह, हमें भी अपने मस्तिष्क और विचारों को समय-समय पर अपडेट करना चाहिए। बेकार और नकारात्मक विचारों को हटाकर, नए और सकारात्मक विचारों को जगह देनी चाहिए।

जब भी आप नकारात्मक विचारों में घिर जाएं, एक पल ठहरें और खुद से यह महत्वपूर्ण सवाल पूछें: “क्या यह विचार मेरे जीवन के उद्देश्य को पूरा करने में मददगार है?” यह सरल प्रश्न आपको नकारात्मकता से बाहर निकालकर सकारात्मक सोच की ओर प्रेरित करेगा। इस आत्ममंथन से आपको अपने विचारों को परखने और यह तय करने में मदद मिलेगी कि कौन-से विचार आपके लिए उपयोगी हैं और कौन-से नहीं। इस प्रक्रिया से आप अपने मस्तिष्क को नए दृष्टिकोण और रचनात्मक सोच की ओर मोड़ सकते हैं, जिससे जीवन में आगे बढ़ने का रास्ता साफ होगा।

यह प्रक्रिया हमें न केवल मानसिक रूप से स्वस्थ रखती है, बल्कि हमारी जीवन की दिशा को भी सही करती है। हमें यह समझना होगा कि विचार ही हमारे जीवन के निर्माण में

महत्वपूर्ण भूमिका निभाते हैं। अगर हम अपने मस्तिष्क को बेकार की बातों से भरते रहेंगे, तो हमारे जीवन में नए अवसर और संभावनाएँ स्थान नहीं बना पाएंगी।

इस पुस्तक का उद्देश्य आपको प्रेरित करना है कि आप अपने पुराने और बेकार विचारों को छोड़ें और नए, सकारात्मक विचारों को अपनाएँ। हमारा जीवन जैसा है, वैसा ही रहेगा अगर हम अपनी सोच में बदलाव नहीं लाएँगे। बड़े और ऊँचे विचार ही हमें जीवन में आगे बढ़ने की प्रेरणा देते हैं।

याद रखें :

नकारात्मक विचार हमारे जीवन की प्रगति को रोक देते हैं। इसलिए, आपको अपने मस्तिष्क में केवल सकारात्मक और उच्च विचारों को स्थान देना चाहिए। ऊँचे विचार ही हमें ऊँचाइयों तक ले जाते हैं।

असमंजस और निराशा से बाहर निकलें, और अपनी परेशानियों का साहस और सूझबूझ से सामना करें। आपकी सोच ही आपकी सबसे बड़ी ताकत है। इसे सकारात्मक रखें और देखें कि कैसे आपके जीवन में बदलाव आता है।

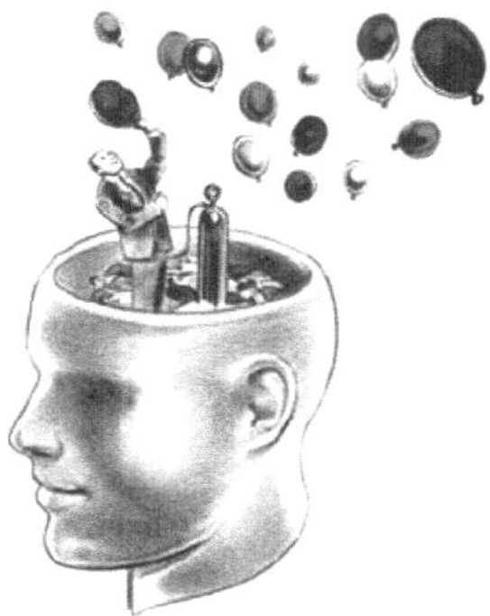

अध्याय - 4

विचारों का जादू

विचारों का जादू हमारे जीवन में एक महत्वपूर्ण भूमिका निभाता है। हमारे विचार हमारे व्यवहार, भावनाओं और निर्णयों को प्रभावित करते हैं, और यही कारण है कि सकारात्मक और नकारात्मक विचारों का सीधा असर हमारी सफलता, खुशी और जीवन के हर पहलू पर पड़ता है। आइए जानें, यह जादू कैसे काम करता है:

विचारों से भावनाएँ उत्पन्न होती हैं : हमारे विचार ही हमारी भावनाओं का स्रोत होते हैं। जब हम सकारात्मक सोचते हैं, तो हमारे अंदर आत्मविश्वास, उत्साह और प्रेरणा जागती है। वहीं, नकारात्मक विचार डर, निराशा और तनाव को जन्म देते हैं। इसलिए, यदि आप अपने विचारों को सकारात्मक रखते हैं, तो आपकी भावनाएँ भी सकारात्मक होती हैं।

विचार हमारे व्यवहार को दिशा देते हैं : जिस प्रकार के विचार हम मन में रखते हैं, वही हमारे व्यवहार को प्रभावित करते हैं। सकारात्मक विचार व्यक्ति को प्रगतिशील बनाते हैं, जबकि नकारात्मक विचार हमें अवरोधों और असफलताओं के जाल में फंसा देते हैं। यदि आप सकारात्मक रूप से सोचते हैं, तो आप आशावादी और उद्यमी व्यवहार अपनाते हैं, जिससे सफलता के रास्ते खुलते हैं।

विचारों का प्रभाव हमारे शारीरिक स्वास्थ्य पर पड़ता है : वैज्ञानिक शोधों ने यह

साबित किया है कि हमारे विचार हमारे शारीरिक स्वास्थ्य पर भी गहरा असर डालते हैं। सकारात्मक विचार तनाव को कम करते हैं और शारीरिक ऊर्जा को बढ़ावा देते हैं, जिससे आप स्वस्थ और ऊर्जावान महसूस करते हैं। वहीं, नकारात्मक विचार तनाव और चिंता बढ़ाते हैं, जो शारीरिक समस्याओं का कारण बन सकते हैं।

विचार हमें समस्याओं का समाधान करने में मदद करते हैं : जीवन में आने वाली चुनौतियों और समस्याओं को हम कैसे हल करते हैं, यह हमारे विचारों पर निर्भर करता है। सकारात्मक सोच हमें समस्याओं को अवसरों के रूप में देखने और उनका समाधान खोजने में मदद करती है। इसके विपरीत, नकारात्मक सोच हमें समस्याओं के बोझ तले दबा देती है।

विचार आपके आत्मविश्वास और आत्ममूल्य को बढ़ाते हैं : सकारात्मक विचार आत्म-स्वीकृति और आत्मसम्मान को बढ़ावा देते हैं। जब हम अपने बारे में अच्छा सोचते हैं, तो हमारा आत्मविश्वास भी बढ़ता है, जिससे हम बड़े से बड़े लक्ष्यों को प्राप्त करने की क्षमता महसूस करते हैं। यह आत्मविश्वास हमें सफलता की ओर अग्रसर करता है।

विचारों का जादू इस प्रकार काम करता है कि यह हमारे दृष्टिकोण, व्यवहार, और जीवन की दिशा को पूरी तरह से बदल सकता है। सही विचारों से हम न केवल अपने जीवन को बेहतर बना सकते हैं, बल्कि अपने आस-पास की दुनिया को भी सकारात्मक रूप से प्रभावित कर सकते हैं।

सारांश

हमारे विचारों की शक्ति हमारे भाग्य को आकार देने का आधार है। इन्हें जीवन के हर पहलू का मार्गदर्शन करने वाली अदृश्य शक्तियों के रूप में देखा जा सकता है। सकारात्मक विचार प्रेरणा देते हैं, आत्मविश्वास बढ़ाते हैं और हमें ऊर्जा से भर देते हैं, जबकि नकारात्मक विचार हमें भय और निराशा में जकड़ लेते हैं। हमारा व्यवहार, भावनाएँ और स्वास्थ्य हमारी मानसिकता के अनुसार ही चलते हैं - आशावादी विचार हमें आगे बढ़ाते हैं और सफलता के द्वार खोलते हैं, जबकि नकारात्मकता हमें बाधाओं में फँसा देती है। सकारात्मकता अपनाने से हम न केवल समस्याओं का रचनात्मक समाधान पाते हैं, बल्कि आत्म-सम्मान और लचीलापन भी विकसित करते हैं, जिससे हमारी पूरी जीवन यात्रा बदल जाती है। अंततः, अपने विचारों पर नियंत्रण से हम अपने जीवन पर नियंत्रण प्राप्त करते हैं।

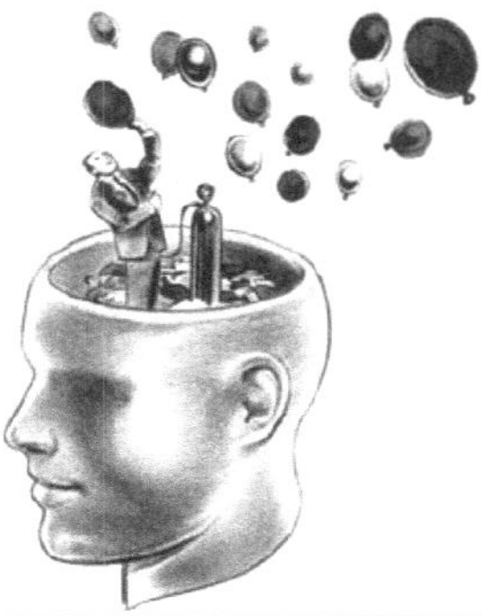

अध्याय - 5

जानें ताकत भी, कमजोरी भी

दोस्तों! विचारों से ही हम अपना संसार बनाते हैं और हमारे विचारों के अनुसार ही यह संसार हमें परिणाम देता है।

एक पुरानी कहानी है :

एक कम पढ़ा-लिखा युवक विरासत में एक जहाज पाता है। उसे न तो समुद्र का ज्ञान था और न ही जहाज चलाने का। उसने सोचा कि वह समुद्र यात्रा करेगा और अपने जहाज का कप्तान भी स्वयं बनेगा। एक दिन उसने जहाज लेकर यात्रा शुरू कर दी। उसने सभी कर्मचारियों को अपनी कप्तानी की घोषणा की और कहा कि वे अपना-अपना काम संभाल लें। हालांकि उसे जहाज चलाने का कोई अनुभव नहीं था, इस कारण वह भीतर से डरा हुआ था।

जब जहाज समुद्र में बढ़ता चला गया, तो कप्तान जहाज के कर्मचारियों के काम का निरीक्षण करने लगा। उसने देखा कि एक व्यक्ति बहुत बड़े चक्र को कभी इधर, कभी उधर घुमा रहा है। कप्तान ने पूछा, तो बताया गया कि वह व्यक्ति पतवार चला रहा है, जो जहाज को सही दिशा में ले जाता है।

कप्तान को यह बात समझ में नहीं आई और उसने कहा, "मुझे इस आदमी की जरूरत

नहीं लगती। जहाज के पाल ही उसे आगे ले जाने के लिए पर्याप्त हैं। पाल खोल दो और जहाज को अपने आप चलने दो।"

कप्तान के आदेश का पालन हुआ, लेकिन इसके बाद जो दुर्घटना हुई, उसमें कुछ ही लोग बच सके। वे लोग उस मूर्ख कप्तान को जीवन भर नहीं भूल पाए।

क्या आपको याद है, उस कप्तान ने क्या कहा था? उसने कहा था, "पतवार चालक की कोई आवश्यकता नहीं है, जहाज को अपने आप चलने दिया जाए।"

अब जरा सोचिए, क्या हम भी अपने जीवन को उस जहाज की तरह पतवारविहीन तो नहीं छोड़ रहे? क्या हमने कभी अपने मन की पतवार को, अपने जीवन की दिशा को अपने हाथ में लेने का प्रयास किया है? क्या हम अपने मन को वश में करके उसे अपनी इच्छानुसार चलाने की कोशिश करते हैं? क्या हमने कभी अपने मन की अनियंत्रित गति पर रोक लगाई है या उसे यूं ही इधर-उधर भटकने दिया है? क्या हमारा मन क्रोध या अन्य विकारों के वशीभूत होकर हमें गलत रास्तों पर नहीं ले जाता?

हम अक्सर देखते हैं कि हमारा बेकाबू मन हमें उस मार्ग से भटका देता है, जिसे हमने सोच-समझकर चुना था और जिससे हमारा जीवन संवर सकता था। आखिर ऐसा क्यों होता है कि हम अपने मन पर काबू नहीं कर पाते?

इसका मुख्य कारण यह है कि हमें अपनी क्षमताओं और स्थितियों का सही ज्ञान नहीं है। हम भी उस जहाज के नासमझ कप्तान की तरह, अज्ञानता के साथ फैसले लेते हैं। हम ऐसे कार्यों पर भी हुक्म चलाने लगते हैं, जिनका हमें अनुभव या जानकारी नहीं होती।

जब तक हम अपनी परिस्थितियों को सही से नहीं समझते और उनके अनुरूप कार्य नहीं करते, तब तक हम अपने जीवन पर नियंत्रण नहीं रख सकते। जैसे ही हम परिस्थितियों के साथ तालमेल बिठाना सीखते हैं, हमारी सफलता की यात्रा शुरू हो जाती है।

"सफलता का जहाज तभी मंजिल तक पहुँचता है, जब हम वर्तमान परिस्थितियों को समझकर सही दिशा में परिश्रम और सावधानी से कदम बढ़ाते हैं।"

सारांश

अपनी ताकत और कमज़ोरियों को समझना सफलता के लिए एक निजी मानचित्र होने जैसा है। आपकी ताकतें वो उपकरण हैं जो आपको आगे बढ़ने में मदद करती हैं, जबकि आपकी कमज़ोरियाँ आपको बताती हैं कि आपको कहाँ सुधार करने की ज़रूरत है। कल्पना करें कि आप बिना यह जाने कि आप कितनी तेज़ दौड़ सकते हैं या कहाँ गिर सकते हैं, दौड़ जीतने की कोशिश कर रहे हैं - खुद को जानने से आपको फ़ायदा मिलता है! जब आप अपनी ताकत के हिसाब से खेलते हैं, तो आप आत्मविश्वास के साथ ज़्यादा हासिल करते हैं। अपनी कमज़ोरियों को पहचानने से आपको आगे बढ़ने और गलतियों से बचने में मदद मिलती है। यह परफेक्ट होने के बारे में नहीं है; यह उन चीज़ों का उपयोग करने के बारे में है जिनमें आप अच्छे हैं और अपनी पूरी क्षमता तक पहुँचने के लिए जिन चीज़ों में सुधार की ज़रूरत है, उन पर काम करना है।

दुनिया के सभी सफल लोग हमेशा एक शिल्पकार की भांति अपने विचारों को अपनी सूझबूझ व परिश्रम की छेनी से तराशते रहते हैं।

जब आप अपनी सोच बदलते हैं, तो आपका जीवन भी नई दिशा में बढ़ता है। अगर आप सकारात्मक और खुले विचारों से सोचते हैं, तो आपका जीवन बेहतर होता जाता है। सोच में बदलाव लाने से ही नए अवसर मिलते हैं और जीवन में आगे बढ़ने के रास्ते खुलते हैं।

- सूर्या सिन्हा

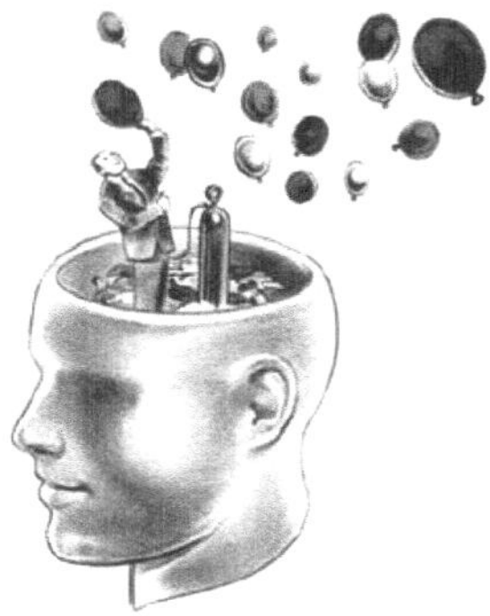

अध्याय - 6

अपने विचारों पर नियंत्रण

जिस व्यक्ति के पास जीवन में सुख, समृद्धि, शांति और आनंद होता है, उसके जीवन में अभाव और संकट दूर रहते हैं। वह दूसरों के लिए प्रेरणा का ऐसा दीपक होता है, जिसके प्रकाश में हर कोई आलोकित होना चाहता है। यदि आप भी सुख, समृद्धि, शांति और सफलता चाहते हैं, तो सबसे पहले आपको अपने विचारों पर नियंत्रण करने के उपायों पर विचार करना होगा।

अधिकांश लोग सोचते है कि मन की प्रवृत्तियों पर रोक लगाना कठिन है। वे यह मानते हैं कि विचारों का विश्लेषण करना समय की बर्बादी है। यह सोच गलत है। चाहे कोई व्यक्ति कितना भी अनपढ़ हो, उसमें इतना सामर्थ्य होता है कि वह अपने विचारों को समझ सके, उनका विश्लेषण कर सके और उनके अनुसार अपने स्वभाव, क्रियाकलाप, चरित्र और जीवन में बदलाव ला सके।

हर व्यक्ति की समस्याएं दूसरों से अलग होती हैं, जिन्हें उसे स्वयं सुलझाना होता है। उसी प्रकार, हर व्यक्ति का लक्ष्य भी भिन्न होता है। लेकिन विचारों को सुधारने और उन्हें अपने लक्ष्य के अनुकूल बनाने की प्रक्रिया सभी के लिए एक समान होती है।

जो व्यक्ति अपने विचारों को नियंत्रित नहीं कर सकता, जो पुराने विचारों को छोड़कर

नए विचारों का सृजन नहीं कर सकता, वह यह भी नहीं जान सकता कि सौंदर्य, सफलता और प्रसन्नता का सृजन कैसे होता है। ऐसा व्यक्ति 'जो हो गया सो ठीक है' वाली मानसिकता में जीता है।

याद रखें

जो हो गया, वह ठीक नहीं है। ठीक वह है, जो होना चाहिए।

यदि एक मूर्तिकार पत्थर पर बिना सोचे-समझे छैनी चलाता रहे और सोचे कि जो हो रहा है, वह ठीक है, तो परिणामस्वरूप हमें एक बेढंगी मूर्ति देखने को मिलेगी। एक कुशल शिल्पकार का पूरा ध्यान अपने लक्ष्य के हर छोटे से छोटे बिंदु और रेखा पर रहता है। उसकी छैनी की हर चोट उसके सपने को साकार करने की दिशा में होती है। उसकी मूर्ति ठीक वैसी ही बनती है, जैसी उसने अपने मन में कल्पना की होती है।

जीवन भी एक मूर्ति की तरह होता है। यदि आप चाहते हैं कि आपका जीवन सुंदर हो, तो आपको सकारात्मक विचारों की छैनी और सूझबूझ के हथौड़े से उसे निरंतर तराशते रहना होगा।

अपने विचारों और चरित्र में सुधार लाने के लिए आपको भी मूर्तिकार की तरह प्रयास करना होगा। स्पष्ट निर्णय लेना होगा कि आप क्या करना चाहते हैं और उसे कैसे कर सकते हैं। उसके बाद, अपने लक्ष्य को पाने के लिए सूझबूझ और कड़ी मेहनत से काम करना होगा। तभी आप कुछ श्रेष्ठ हासिल कर सकते हैं और तभी आपका जीवन सुंदर बन सकता है। इसके लिए एक सुनहरा सूत्र याद रखें:

आपका प्रत्येक विचार केवल आपके लिए ही नहीं, बल्कि दूसरों की भलाई के लिए भी हो। तभी आप अपनी इच्छाशक्ति और कार्यशक्ति का सही उपयोग करके सफलता प्राप्त कर सकते हैं।

इस सूत्र को अपनाते समय थोड़ी सावधानी भी जरूरी है। भले ही आप कितनी भी ईमानदारी से अपने विचारों को नियंत्रित करने की कोशिश करें, आपकी पुरानी आदतें और विचार शैली आपके मन की एकाग्रता को विचलित कर सकती हैं। लेकिन आपको विचलित नहीं होना है। यह ध्यान रखें कि जिसने अपने विचारों पर काबू पा लिया, वह अपने आदर्श और लक्ष्य को प्राप्त करने की दिशा में भी काम कर सकता है।

मैंने कहीं पढ़ा था : **"यदि माता-पिता अपने बच्चों को आदेश देने के बजाय यह सिखा दें कि वे अपने विचारों को कैसे नियंत्रित कर सकते हैं, तो नई पीढ़ी को सही मार्ग पर चलाना और उन्हें सफल बनाना बहुत आसान हो जाएगा।"**

बच्चों को यह सिखाने की जरूरत है कि वे कैसे श्रेष्ठ विचारों को अपने मन में स्थान दें और बुरे विचारों को दूर भगाएं। अगर ऐसा हो जाए, तो बच्चों पर हुक्म चलाने या उन्हें दंडित करने की जरूरत नहीं पड़ेगी। उनका हृदय निर्मल होगा और वे ईमानदारी से जीवन व्यतीत करेंगे। उनमें किसी प्रकार की हीन भावना या कुछ छिपाने की आवश्यकता नहीं रहेगी।

यह बात बड़ों पर भी लागू होती है। भूलिए मत, **मन को वश में करना ही आत्मसंयम है।** जिसने अपने मन को काबू में कर लिया, उसने अपने जीवन को भी संवार लिया। ऐसे व्यक्ति को अपने लक्ष्य की प्राप्ति में कभी संदेह नहीं होना चाहिए। सफलता उसे अवश्य मिलेगी।

याद रखें :

"इस दुनिया में वही लोग आगे बढ़ते हैं, जो अपनी मनचाही परिस्थितियों की तलाश करते हैं, और यदि उन्हें वैसी परिस्थितियाँ नहीं मिलतीं, तो वे अपने सकारात्मक विचारों की शक्ति से उन्हें अनुकूल बना लेते हैं।"

- सूर्या सिन्हा

आप जैसा सोचते हैं, वैसा ही आपका भविष्य बनता है। अगर आपकी सोच सकारात्मक और प्रगतिशील होगी, तो आपका भविष्य भी उज्ज्वल और सफल होगा। आपकी सोच ही वो आधार है, जिस पर आपका भविष्य टिका होता है। इसलिए सही सोच रखकर आप अपने भविष्य की नींव मजबूत बना सकते हैं।

- सूर्या सिन्हा

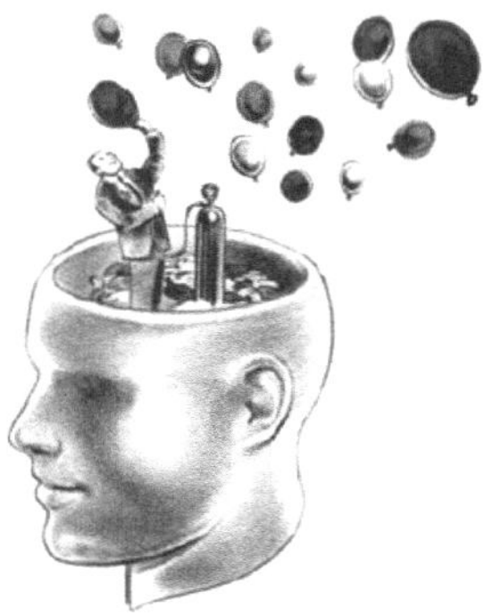

अध्याय - 7

विचारों को बदलें, सफलता पाएं

सफलता कभी भी तुरंत नहीं मिलती। यह एक लंबी प्रक्रिया का परिणाम होती है, जिसके लिए धैर्य, सूझबूझ, कठिन परिश्रम और लंबी साधना बेहद आवश्यक हैं। इन गुणों के साथ वही व्यक्ति सफल हो सकता है, जिसकी सोच सकारात्मक हो। हालाँकि यह कहना आसान है कि सोच को सकारात्मक बनाएं, लेकिन वास्तव में यह उतना सहज नहीं है। ऐसा करने के लिए हमें अपने विचारों में बदलाव लाना पड़ता है, और परिवर्तन को स्वीकारना हमेशा आसान नहीं होता।

विचारों में परिवर्तन लाने के लिए व्यक्ति को अपनी कुछ पुरानी आदतों और स्वभाव की विसंगतियों को छोड़ना पड़ता है। क्या हम इसके लिए तैयार हैं? इससे पहले यह जानना जरूरी है कि परिवर्तन क्या होता है।

संक्षेप में, **परिवर्तन का अर्थ है पुरानी सोच का अंत और नवीनता का जन्म।** यह बिल्कुल नए जन्म के समान है।

आज के समय में, व्यक्ति की महत्वाकांक्षाएँ लगातार बढ़ रही हैं, और बदलती परिस्थितियाँ उसे कुछ नया और अलग करने की चुनौती दे रही हैं। ऐसे में समय की मांग के अनुसार, व्यक्ति को अपने विचारों में भी बदलाव लाना होगा। पुराने और थके हुए विचार

आपको कुछ नया नहीं दे सकते। विचारों में परिवर्तन का अर्थ है क्रांतिकारी बदलाव लाना—एक नई सोच और नए चिंतन को जन्म देना।

किसी ने सही कहा है : *"परिवर्तन ही सृष्टि और जीवन है, लेकिन स्थिरता मृत्यु है।"*

सोच में परिवर्तन कठिन लग सकता है, लेकिन यह असंभव नहीं है। बस इतनी शर्त है कि हम स्वयं इस बदलाव के लिए तैयार हों और भीतर से इसे स्वीकारें।

आजकल देखा गया है कि कई युवा इस बात को समझ ही नहीं पाते कि उनकी सोच में सुधार या बदलाव की आवश्यकता है। वे अपने जीवन को उसी भ्रम में समाप्त कर देते हैं कि जो वे सोचते हैं, वही सही है। इस प्रकार की सोच से कभी भी आत्मविकास नहीं हो सकता। खुद को सबसे श्रेष्ठ मानने की यह गलतफहमी एक बड़ी रुकावट बन जाती है।

इसी गलतफहमी के कारण व्यक्ति अपनी सोच में बदलाव नहीं कर पाता। आज का माहौल तेजी से बदल रहा है। हर दिन नई चुनौतियाँ आ रही हैं और नए प्रयोग हो रहे हैं। ऐसे में यदि आप अपनी सोच और विचारों में समयानुसार परिवर्तन नहीं करेंगे, तो जीवनभर पीछे ही रहेंगे। यह बिलकुल वैसा ही है जैसे किसी मजबूत भवन की समय-समय पर मरम्मत न कराई जाए तो वह धीरे-धीरे खंडहर में बदलने लगता है। इसी तरह यदि समय के साथ विचारों में बदलाव न किया जाए, तो व्यक्ति भी गर्त में चला जाता है।

असफल लोगों के लक्षण

- परिश्रम से जी चुराना
- हर काम को कठिन मान लेना
- छोटी सी असफलता से निराश हो जाना
- निष्पक्ष रूप से आत्ममूल्यांकन न करना
- स्वयं को अधिक आंकना
- दूसरों के सुझावों और आलोचनाओं को नजरअंदाज करना
- अपने अहम के शिकार होकर अपनी ही धुन में मगन रहना

यह व्यवहार दर्शाता है कि ऐसे लोगों ने अपने मस्तिष्क में नए और सकारात्मक

विचारों के प्रवेश पर रोक लगा रखी है। ऐसे व्यक्ति किसी भी क्षेत्र, रोजगार या पारिवारिक उत्तरदायित्व में सफल नहीं हो सकते।

कुछ लोग सोचते हैं कि अगर उनकी सोच सही है, तो उसमें बदलाव की क्या जरूरत है? परंतु यह देखा गया है कि सभी लोग अपनी सोच को सही मानते हैं, चाहे वह गलत ही क्यों न हो। हमारी सोच कितनी सही और श्रेष्ठ है, इसका आकलन करने के उन्नत तरीके हैं, जिनसे हम यह पता लगा सकते हैं कि हमारी सोच सही है या नहीं।

आप स्वयं का ईमानदारी से आकलन करें और निष्पक्ष फैसला करें। इसका उत्तर आपको खुद मिल जाएगा।

"कभी भी अपनी आंतरिक शक्ति को कम ना आंकें। जितना आप खुद को जानते हैं, उससे कहीं गुना अधिक शक्तियां, सामर्थ्य और योग्यताएं आपके अंदर छिपी हुई जिनके विषय में आपने आज तक जाना ही नहीं।"

जो लोग बड़े और सकारात्मक तरीके से सोचते हैं, वे ही जीवन में बड़े और महत्वपूर्ण काम कर पाते हैं। उनकी सोच उन्हें नई ऊँचाइयाँ छूने और बड़े लक्ष्यों को हासिल करने की प्रेरणा देती है। अगर आप छोटी सोच रखते हैं, तो सीमित रह जाएंगे, लेकिन बड़ी सोच से आप बड़ी सफलताएँ पा सकते हैं।

- सूर्या सिन्हा

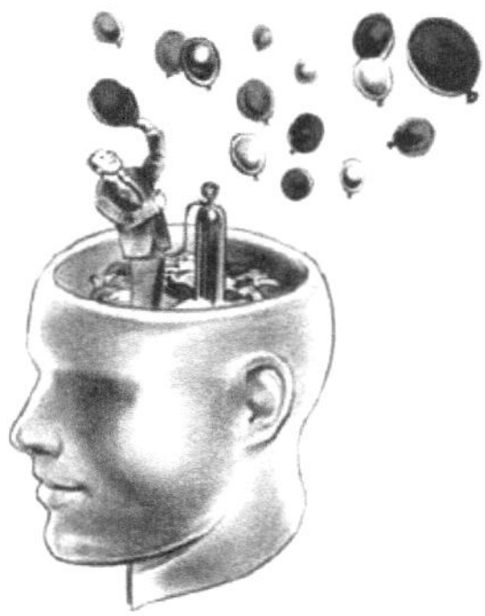

अध्याय - 8

अपनी शक्तियों और योग्यताओं को पहचानें

हम मनुष्य स्वयं को प्रकृति का सबसे बड़ा वरदान मानते हैं, और ऐसा कहलाए भी जाते हैं। हमें गर्व होता है कि **"देवता भी मनुष्य योनि में जन्म लेने को तरसते हैं।"** लेकिन, क्या हम अपनी आंतरिक शक्तियों को सचमुच जानते और समझते हैं? क्या हम जानते हैं कि हमारे अस्तित्व का वास्तविक अर्थ क्या है?

अक्सर इन सवालों का जवाब 'नहीं' होता है।

अगर आप अपने चारों ओर नजर डालें, तो पाएंगे कि आज अधिकांश युवा निराशा के गर्त में डूबे हुए हैं। इसका सबसे बड़ा कारण यह है कि वे अपनी आंतरिक शक्तियों से अनजान हैं। यही कारण है कि उन्होंने अपने मन में निराशा पाल रखी है। वे दूसरों की थोड़ी-सी दौलत, वैभव, पद और प्रतिष्ठा देखकर यह मानने लगते हैं कि वह व्यक्ति बहुत भाग्यशाली है। वे सोच में पड़ जाते हैं कि वह व्यक्ति इतना सफल कैसे है, और अपनी तुलना उससे करते हुए खुद को निराशा में डुबो लेते हैं। दरअसल, यही उनका अज्ञान है।

उन्हें यह नहीं पता कि उनके पास भी कई अद्भुत शक्तियाँ, सामर्थ्य और योग्यताएँ हैं, जिनका सही समय पर इस्तेमाल कर वे उस सफल व्यक्ति से भी अधिक सफल हो सकते हैं। लेकिन, अपनी शक्ति और योग्यताओं के प्रति अनजान होने के कारण, वे उन्हें पहचान

नहीं पाते और अंततः उनकी क्षमताएँ व्यर्थ हो जाती हैं। वे अपनी असीम शक्तियों का उचित उपयोग नहीं कर पाते और खुद को असफल मानकर हताश हो जाते हैं।

यह अपने प्रति एक अत्याचार है, और इससे मुक्त होने के लिए आपको जागना होगा। जागकर अपने आप को और अपनी शक्तियों को पहचानना होगा।

जब मैं निराशा के दौर से गुजर रहा था, तब मैंने 10 दिवसीय ध्यान साधना शिविर (विपासना) में भाग लिया। इस दौरान मैंने स्वयं को जानने का प्रयास किया और वहीं मुझे यह एहसास हुआ कि:

"जो अपने भीतर जागता है, उसे वहां कोई अभाव नहीं मिलता। वहां तो स्वयं परमात्मा हैं। अभाव केवल हमारी अज्ञानता और निद्रा में है। मैं जागता हूँ, तो अभाव वैसे ही भाग जाता है जैसे सूर्य के उदय होने पर अंधकार समाप्त हो जाता है।"

इसलिए, दोस्तों! जागो और अपनी क्षमताओं तथा योग्यताओं को पहचानो।

शक्ति और योग्यता के बाद एक तीसरा महत्वपूर्ण पहलू है—विश्वास।

जो लोग खुद पर विश्वास नहीं करते और न ही उस सर्वशक्तिमान परमेश्वर पर, वे खुद को अयोग्य, तुच्छ और असफल मान बैठते हैं। उनकी इस स्थिति के पीछे उनकी नकारात्मक सोच है। सफलता के लिए मन में सकारात्मक विचार, आशा, प्रसन्नता और उल्लास का होना आवश्यक है।

यह एक बहुत बड़ा सत्य है कि सकारात्मकता, आशा और प्रसन्नता से भरा हुआ मन ही सफलता और समृद्धि को आकर्षित करता है। जिनके मन में संदेह है, आत्मविश्वास की कमी है और जो हमेशा अशुभ की आशंका में रहते हैं, वे कभी सफल और संतुष्ट नहीं हो सकते।

याद रखें :

प्रकृति भी नकारात्मक सोच वाले लोगों का साथ नहीं देती।

इसलिए बुद्धिमान वही है, जो अपनी आंतरिक शक्ति, योग्यता और विश्वास को पहचानता है और उन्हें सही ढंग से उपयोग करके अपने जीवन को आनंद और सफलता से भर लेता है।

आज के समय में, अगर कोई व्यक्ति ऊँचा पद या प्रतिष्ठा हासिल करता है, तो वह केवल किताबी पढ़ाई के बल पर ही नहीं करता। किताबी योग्यता से कोई क्लर्क बनता है, कोई मैनेजर, कोई अध्यापक बनता है, और कोई डॉक्टर। लेकिन जो व्यक्ति स्वयं को जान लेता है, अपनी आंतरिक शक्तियों और योग्यताओं को पहचान लेता है, वह किसी एक सीमित पहचान में बंधकर नहीं रहता।

वह व्यक्ति समाज में सर्वोच्च स्थान प्राप्त करता है, क्योंकि उसकी समस्त शक्तियाँ जागृत हो चुकी होती हैं, चाहे वह व्यवसाय हो या आध्यात्मिकता। ऐसे ही लोग बनते हैं—धीरूभाई अंबानी, लक्ष्मी निवास मित्तल, जमशेद जी टाटा, बिड़ला, अजीम प्रेमजी और मुंजाल।

हो सकता है, अगला नाम आपका हो। इसलिए, अपनी शक्ति और योग्यताओं को पहचानें। कोल्हू के बैल की तरह एक ही दायरे में न घूमते रहें। एक खुला आकाश चुनें और उसमें ऊँची उड़ान भरें!

अगर आप अपने जीवन में कोई बदलाव लाना चाहते हैं, तो सबसे पहले अपनी सोच को बदलें। आपकी सोच ही आपके जीवन के फैसलों और रास्तों को तय करती है। जब आप सकारात्मक और नई सोच अपनाते हैं, तो आपके जीवन में भी सकारात्मक बदलाव आते हैं। बदलाव की शुरुआत हमेशा आपकी सोच से होती है।

- सूर्या सिन्हा

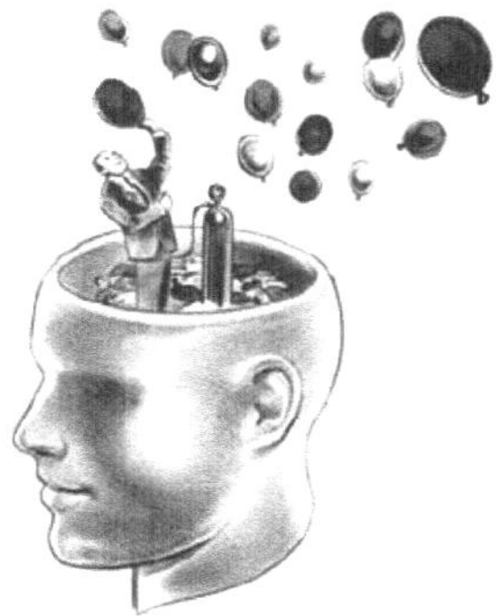

अध्याय - 9

जुनूनी बनें और जूझें

भाग्य की कल्पना केवल मूर्ख लोग करते हैं, और भाग्य भरोसे रहकर वे अपना जीवन नष्ट कर लेते हैं। लेकिन जो जुनूनी होते हैं और संघर्ष करते हैं, वे अपना भाग्य स्वयं लिखते हैं।

हम पहले ही जान चुके हैं कि सफलता पाने के लिए अपनी आंतरिक शक्तियों और योग्यताओं का ज्ञान अत्यंत आवश्यक है। इसके साथ परमात्मा पर यह विश्वास कि विजय हमारी ही होगी, सफलता की एक मजबूत कड़ी है। अब इस अध्याय में कुछ और महत्वपूर्ण बातें हैं, जो साफ-साफ समझने योग्य हैं।

यदि आप जीवन में सफल होना चाहते हैं, तो सबसे पहले आपको अपना लक्ष्य तय करना होगा। उसके बाद जूझना होगा—पहले स्वयं से, फिर अपने लक्ष्य के मार्ग में आने वाली बाधाओं से। इसके साथ ही, उसी अनुपात में, आपको सफलता पाने का जुनून भी अपने अंदर पैदा करना होगा।

आपमें से कुछ लोग यह सवाल कर सकते हैं कि क्या सफलता का कोई शॉर्टकट नहीं है?

यदि आप बिना संघर्ष किए, बिना लड़े, और आसानी से सफलता पाना चाहते हैं,

तो मैं स्पष्ट रूप से कहता हूँ कि इस सोच से आपको जीवन में कुछ भी हासिल नहीं होगा। आपकी वर्तमान स्थिति से बेहतर होने की उम्मीद छोड़ दीजिए, बल्कि यह आने वाले समय में और भी बदतर हो सकती है। संसार का कोई नियम ऐसा नहीं है जो कहे कि आप कुछ पाना चाहें और बिना प्रयत्न किए वह आपको मिल जाए, या बिना किसी मूल्य चुकाए आपको सफलता प्राप्त हो जाए। सफलता प्राप्त करने के लिए संघर्ष और प्रयत्न करना आवश्यक है। कहते हैं न, **"हाथ-पाँव तो हिलाने ही पड़ेंगे।"**

इस संसार में सुख-समृद्धि सफलता से मिलती है, और सफलता कोई उपहार में दी जाने वाली वस्तु नहीं है। आपकी सफलता आपके प्रयत्न, आपकी मेहनत, आपके व्यवहार और आपके व्यक्तित्व पर निर्भर करती है।

यदि आप सकारात्मक सोच के साथ, लक्ष्य साधकर, सूझबूझ से निरंतर प्रयास करेंगे, तो निश्चय ही आपको सफलता प्राप्त होगी। ऐसा बहुत से सफल लोगों ने सिद्ध किया है, और वे मिसालें हमारे आसपास ही मौजूद हैं।

जुनून से ही विजय मिलती है, और इस विजय का स्वाद गहरा और अनोखा होता है।

सारांश

सफल होने के लिए आपको जुनूनी और दृढ़ संकल्पित रहना चाहिए। केवल भाग्य पर निर्भर रहने से कुछ हासिल नहीं होता। स्पष्ट लक्ष्य निर्धारित करें, चुनौतियों का साहसपूर्वक सामना करें, और सफलता पाने की प्रबल इच्छा जगाएँ। सफलता शॉर्टकट से नहीं, निरंतर प्रयास से मिलती है। सकारात्मक दृष्टिकोण रखें, कड़ी मेहनत करें, और जीत निश्चित रूप से आपके जुनून और दृढ़ता के साथ होगी।

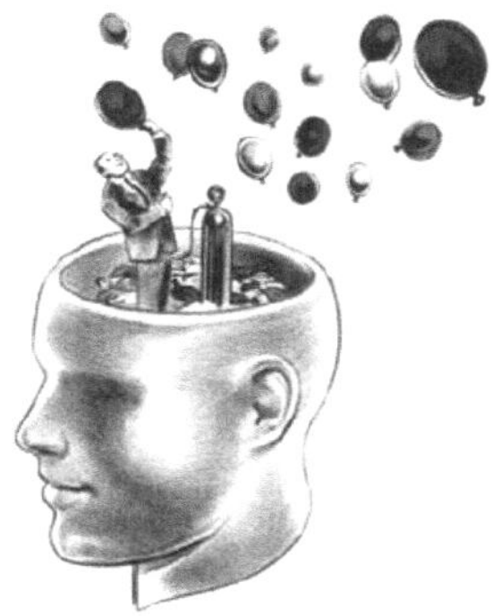

अध्याय - 10

तुरंत फल कभी नहीं

प्रयास, परिश्रम और विश्वास की नींव पर सफलता का महल खड़ा हो सकता है, इसमें कोई संदेह नहीं है। लेकिन कुछ लोग इसके बावजूद निराशा के भंवर में फंसकर आने वाली संभावनाओं को गंवा देते हैं। क्यों? फिर यही 'होनहार पर असफल' लोग नकारात्मक उदाहरण बन जाते हैं। ऐसा क्यों होता है?

दोस्तों, मैंने कई ऐसे लोगों को देखा है, जो परिश्रम तो करते हैं, परंतु तुरंत मनोवांछित फल की उम्मीद लगाते हैं। जब उन्हें शीघ्र ही कोई बड़ा परिणाम नहीं मिलता, तो वे निराश हो जाते हैं। उन्हें धैर्य रखना नहीं आता, वे तुरंत फल चाहते हैं। ऐसे लोग गुस्से के नहीं, बल्कि दया के पात्र हैं।

दरअसल, ऐसे लोगों को प्रकृति से सीखना चाहिए। कोई भी बीज कुछ घंटों, दिनों या हफ्तों में पेड़ नहीं बनता। कई पेड़ों को फल देने लायक बनने में वर्षों लग जाते हैं। जरा सोचिए, वह परमसत्ता, जिसके इशारे से हवाएं चलती हैं और जो कुछ भी कर सकती है, क्या वह एक बीज को पलक झपकते ही पेड़ नहीं बना सकती? निश्चित ही बना सकती है, लेकिन ऐसा नहीं करती, क्योंकि यह धैर्य के नियम के विरुद्ध और अव्यवस्था के पक्ष में होगा।

प्रकृति की हर लीला हमें धैर्य का संदेश देती है। बीज बोओ, धैर्य से उसका पोषण करो, और फिर समय आने पर एक बीज से हजारों फल प्राप्त करो। इसी तरह, जो सफलता धैर्य के साथ मिलती है, वह दीर्घकालिक और स्थायी होती है। संघर्ष के बाद मिली सफलता का आनंद ही कुछ और होता है, यह सदियों से सत्य है।

आप भी इस बात से सहमत होंगे कि पकी-पकाई चीज खाने में उतना आनंद नहीं आता, जितना स्वयं पकाकर खाने में आता है। जब आप अपनी मेहनत और धैर्य से कुछ हासिल करते हैं, तो आपका हर अंश इस विचार से पुलकित होता है कि यह सब आपकी मेहनत और सूझबूझ का परिणाम है।

सारांश

तत्काल परिणाम अक्सर जल्द ही अपना प्रभाव खो देते हैं। सच्ची सफलता निरंतर प्रयास, धैर्य और दृढ़ संकल्प पर आधारित होती है। जैसे एक बीज रातों-रात वृक्ष नहीं बनता, वैसे ही सफलता पाने में भी समय लगता है। जब लोगों को तुरंत परिणाम नहीं मिलते, तो वे निराश हो जाते हैं, लेकिन तत्काल परिणाम शायद ही कभी स्थायी होते हैं। धैर्य हमें मजबूत, समझदार और दीर्घकालिक सफलता के लिए तैयार करता है। प्रकृति हमें यह महत्वपूर्ण पाठ सिखाती है कि किसी चीज़ का धीरे-धीरे पोषण करने से स्थायी लाभ मिलता है। जब आप कठिन परिश्रम और धैर्य के साथ सफलता प्राप्त करते हैं, तो यह न केवल अधिक संतोषजनक होती है, बल्कि लंबे समय तक स्थिर भी रहती है। इसलिए, अपने लक्ष्यों को ऊंचा रखें, धैर्य रखें, और अपने प्रयासों को समय के साथ मिठास भरे, स्थायी फल देने दें।

याद रखें :

आपको अपनी मेहनत के अनुरूप ही फल की प्राप्ति होती है। अगर आपका लक्ष्य छोटा है, तो आपको फल भी छोटा मिलेगा। बेर का बीज बोकर तरबूज नहीं पाए जा सकते। इसलिए, सकारात्मक सोच के साथ अपना लक्ष्य ऊंचा रखिए और धैर्य को अपने विशेष गुणों में शामिल कर लीजिए। धैर्य की डाल पर जो परिश्रम का फल उगेगा, वह निश्चय ही स्वादिष्ट और आनंददायक होगा।

आपकी सोच के लिए कोई सीमा नहीं होती। जब आप बड़ी और सकारात्मक सोच रखते हैं, तो यह आपको किसी भी बाधा से ऊपर उठने और नई ऊँचाइयों तक पहुँचने में मदद करती है। आपकी सोच जितनी ऊँची होगी, उतनी ही ऊँचाइयों तक आप जीवन में पहुँच सकते हैं। सोच में कोई बंधन नहीं होता।

- सूर्या सिन्हा

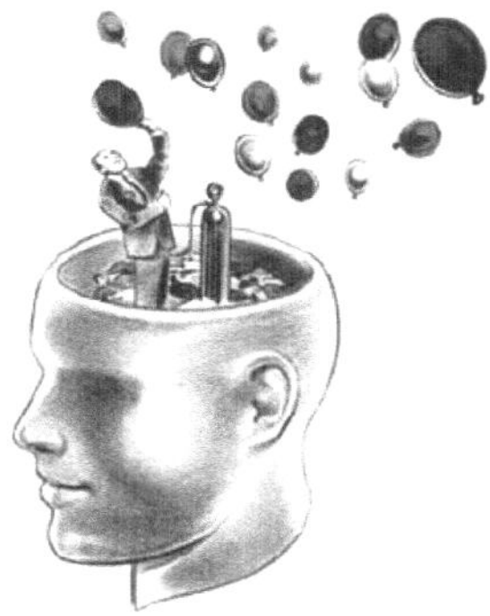

अध्याय - 11

जैसा बीज, वैसी फसल

बहुत से लोग सफलता को भाग्य से जोड़ते हैं और हस्तरेखाओं की चर्चा करते रहते हैं, जबकि आज के इस वैज्ञानिक युग में सफलता का सीधा संबंध परिश्रम, प्रयास और सूझबूझ से है। मेहनती लोग सफलता प्राप्त करते हैं, जबकि निकम्मे भाग्य का रोना रोते रहते हैं।

यदि आपके मन में सफलता का बीज रूपी विचार है, तो उसे अपने परिश्रम से सींचें, उसमें अपनी सूझबूझ की खाद डालें, और धैर्य के साथ प्रतीक्षा करें। तब आप देखेंगे कि वह विचार धीरे-धीरे बढ़कर एक दिन फलदार वृक्ष बन जाएगा।

आज जो लोग सफल हैं, उनके पास शुरुआत में सिर्फ एक विचार था—सफलता का। उनके पास न धन था, न साधन। उनके पास केवल एक विचार था—उन्नति और ऊँचाई तक पहुँचने का। उन्होंने अपने विचार को सींचा, उसके लिए दिन-रात परिश्रम किया, आवश्यकतानुसार साधन जुटाए, और अपनी सूझबूझ से उस विचार को पोषित किया। दिन-रात की मेहनत के बाद, वह विचार एक महावृक्ष के रूप में फलित हुआ। इस संदर्भ में, उद्योगपति श्री धीरूभाई अंबानी का उदाहरण लिया जा सकता है। जब वे खाड़ी देश में एक पेट्रोल पंप पर काम कर रहे थे, तब उनके मन में एक विचार आया—शैल जैसी अपनी

कंपनी बनाने का। इस विचार को साकार करने के लिए उन्होंने भारत लौटकर 'रिलायंस' की स्थापना की, और आज वह विचार एक विशाल उद्योग के रूप में खड़ा है।

ऐसे अनगिनत सफल उदाहरण देश-विदेश में हैं।

धीरूभाई अंबानी ने भारतीय युवाओं को एक नई सोच और दिशा दी। उनका कथन था : **"बड़ी बातें सोचो, तेज सोचो, दूसरों से पहले सोचो। विचारों पर किसी का एकाधिकार नहीं है।"**

यह विचार एक वैचारिक क्रांति का अग्निकांड था, जो सफलता की ओर ले जाने में अपरिहार्य था। आपको भी अपने मन में विचार करना चाहिए, तेजी से सोचना चाहिए, और सोचना चाहिए कि आप किस प्रकार का काम कर सकते हैं। अपनी रुचियों और योग्यताओं को मिलाते हुए, एक लक्ष्य तय करें।

एक बार निर्णय लेने के बाद, पूरी लगन से उस काम में जुट जाएं। रास्ते में आने वाली हर बाधा को दूर करें और साधनों को जुटाने में कोई कमी न छोड़ें। आपके विचार रूपी बीज को एक वृक्ष बनाना ही आपकी सफलता है।

आज **'निरमा डिटर्जेंट पाउडर'** घर-घर में प्रयोग होता है। इससे पहले लोग ज्यादातर साबुन का उपयोग करते थे, और सर्फ जैसे डिटर्जेंट काफी महंगे होते थे। करसन भाई पटेल के मन में विचार आया कि वे एक सस्ता डिटर्जेंट पाउडर बनाएं, जिसे हर घर में इस्तेमाल किया जा सके। उन्होंने अपनी छोटी-सी पूंजी (मात्र 1000 रुपये) से इस विचार को शुरू किया और रात में अपने घर के पीछे डिटर्जेंट बनाने का काम किया। तीन साल तक लगातार मेहनत करने के बाद, उनका उत्पाद बाजार में आया और हिट हो गया। इस प्रकार, करसन भाई ने अपने विचार को परिश्रम, लगन और आत्मविश्वास से साकार किया।

इन्फोसिस और नारायण मूर्ति : इन्फोसिस की स्थापना करने वाले नारायण मूर्ति भी पहले एक साधारण जीवन जी रहे थे। लेकिन उनके मन में एक विचार आया—अपना व्यवसाय शुरू करने का। उन्होंने नौकरी छोड़कर, अपनी कड़ी मेहनत और संकल्प से 'इन्फोसिस टेक्नोलॉजी' की शुरुआत की। उनका एक ही लक्ष्य था—सफलता। उनका समर्पण और मेहनत आज इन्फोसिस को दुनिया की सबसे प्रतिष्ठित कंपनियों में शुमार करता है।

अजीम प्रेमजी और विप्रो : अजीम प्रेमजी के पिता की मृत्यु के बाद, उन्होंने अपने

पिता के छोटे से व्यवसाय को एक बड़ी कंपनी बनाने का सपना देखा। बिना अनुभव के, लेकिन मजबूत इरादों के साथ, उन्होंने विप्रो को एक प्रमुख कंपनी बना दिया। उन्होंने अपने विचार और मेहनत से अपने सपने को साकार किया।

इन सभी सफल व्यक्तियों की कहानियों से यह स्पष्ट होता है कि यदि आपके पास एक सकारात्मक विचार है और आप उसे आत्मविश्वास, लगन और परिश्रम से साकार करने में जुट जाते हैं, तो सफलता आपके कदम चूमेगी। सफलता भाग्य से नहीं, बल्कि आपकी मेहनत और विचारों की शक्ति से आती है।

याद रखें :

जो व्यक्ति अपने काम में ईमानदार और कुशल होता है, उसके लिए सफलता का मार्ग हमेशा खुला रहता है। लेकिन जो काम से जी चुराता है, आज का काम कल पर टालता है, और सिर्फ भाग्य पर निर्भर रहता है, उसे कभी सफलता नहीं मिलती। आत्मविश्वास और मेहनत से भरा हुआ व्यक्ति ही जीवन में असली सफलता प्राप्त करता है।

आपका विचार ही आपकी सफलता का बीज है। उसे सींचिए, पोषित कीजिए, और सफलता के महावृक्ष का आनंद लीजिए।

अगर आप दुनिया में बदलाव चाहते हैं, तो सबसे पहले अपनी सोच बदलें। बिना अपनी सोच बदले दुनिया को बदलने की कोशिश करना व्यर्थ है। जब आपकी सोच बदलती है, तब ही आप सही दिशा में काम कर सकते हैं और दुनिया में बदलाव ला सकते हैं। हर बड़ा बदलाव आपकी सोच से शुरू होता है।

- सूर्या सिन्हा

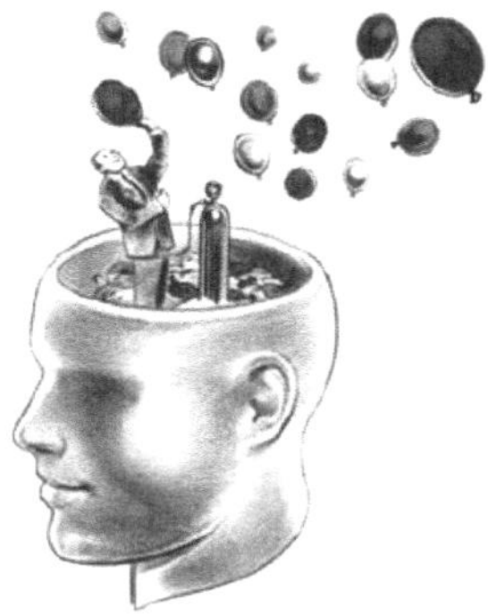

अध्याय - 12

प्रार्थना की शक्ति

मनुष्य अपनी असीम संभावनाओं और अद्भुत क्षमताओं के बल पर प्रकृति के अवरोधों को पार करता आया है। आदिम युग से लेकर आधुनिक काल तक उसने विकास की कई सीढ़ियाँ चढ़ी हैं, लेकिन आज भी उसकी तमाम योग्यता और बहुआयामी क्षमता प्रकृति की एक छोटी-सी घास को प्रयोगशाला में नहीं बना सकती। हमारे देश के एक प्रसिद्ध राष्ट्रपति अपनी मेज पर एक पोटली में देश की मिट्टी रखते थे। जब अन्य देशों के राष्ट्राध्यक्ष इसे देखते तो हैरान होते और पूछ बैठते, "यह तुच्छ मिट्टी यहाँ क्यों रखी है?" राष्ट्रपति मुस्कुराते हुए कहते, "विज्ञान और तकनीक ने बहुत प्रगति कर ली है, पर आज तक मनुष्य प्रकृति की इस छोटी-सी भेंट को अपनी प्रयोगशाला में नहीं बना सका। यह उस परमात्मा की बनाई प्रकृति को मेरा नमन है।"

दोस्तों, उसी परमात्मा की संतान होने के नाते, अपने लक्ष्य को पाने के लिए प्रार्थना को अपने जीवन का अभिन्न हिस्सा बनाइए।

अपने मन में हमेशा बाइबल की इस प्रार्थना को दोहराते रहिए:

"मैं प्रभु का पुत्र हूँ। संसार की अपार संपदा ईश्वर की है, वही इसका मालिक है और मैं उसका वारिस हूँ। अतः मैं अभावों में अपना जीवन नहीं गुजारूंगा। यश, धन-संपत्ति,

सफलता और खुशियों के द्वार मेरे परिश्रम से मेरे लिए भी खुले हैं। असफलता का कलंक मैं और अधिक अपने ऊपर नहीं रखूंगा। मैं अपने श्रम, सूझबूझ, सकारात्मक विचारों और लगन से अपने जीवन का कायाकल्प करूंगा। मुझमें वही शक्तियाँ हैं जो सर्वशक्तिमान प्रभु में हैं, क्योंकि मैं उन्हीं का पुत्र हूँ। मैं उन शक्तियों का प्रयोग अपने जीवन को सफल बनाने के लिए करूंगा। ईश्वर मेरी सहायता कर रहे हैं, ऐसी स्थिति में कोई अभाव, कोई बाधा मुझे कष्ट नहीं दे सकती।"

इस प्रार्थना के बाद, अपने मन में आशा और विश्वास को बनाए रखते हुए अपना कार्य आरंभ करें। संसार की सभी उत्तम परिस्थितियाँ, उत्तम विचार, उत्तम संगति, योग्यता और परिश्रम की शक्ति उसी परमात्मा से उसी तरह माँगिए जैसे आप बचपन में अपने पिता से कोई चीज माँगते थे। निश्चित रूप से वह शक्ति और साधन आपको प्राप्त होंगे।

मेरे जान-पहचान के एक युवक ने जीवन में गरीबी और मायूसी का सामना किया। वह हर कार्य में संदेह करता था और आरंभ से ही असफलता की आशंका से भर जाता था। लेकिन कुछ समय बाद उससे मुलाकात हुई, तो उसने बताया कि अब उसके पास सुख-सुविधाओं के सारे साधन मौजूद हैं। उसका भाग्य बदल चुका था। क्यों? क्योंकि उसने यह भेद समझ लिया था कि हम तब असफल होते हैं जब हम अपने विचारों से हार मान लेते हैं।

जिस दिन उसने अपने मन से निराशा और भय को निकाल फेंका, उसी दिन से उसका जीवन बदल गया। उसने दृढ़ संकल्प से अपने कार्यों में जुटकर सफलता हासिल की।

आशावान होना प्रगति के दीये में तेल डालने जैसा है। एक बार यह दीया जल जाए, तो कर्म की बाती से यह लगातार जलता रहता है।

इसलिए सबसे पहले अपने मन में सकारात्मक और अच्छे विचारों का संग्रह करें। फिर किसी एक सर्वश्रेष्ठ विचार को मूर्त रूप देने का संकल्प लें और सूझबूझ से उसे साकार करने में जुट जाएं। एक बार जब आप पूरी शक्ति से अपने कार्य में जुट जाएंगे, तो कोई भी बाधा आपके सामने टिक नहीं पाएगी।

यह स्वाभाविक है कि जिन शत्रुओं से हम डरते हैं, वे हमें बार-बार डराते हैं। लेकिन जब हम उनका सामना करने के लिए तैयार हो जाते हैं, तो वे कमजोर पड़ जाते हैं और हमारे रास्ते से हट जाते हैं।

एक घटना की बात है—एक व्यक्ति रास्ते में जा रहा था, तभी एक बंदर ने उसका

रास्ता रोक लिया और उसे डराने लगा। व्यक्ति भयभीत होकर भागने लगा, और बंदर भी उसके पीछे दौड़ा। तभी किसी ने कहा,

"ठहरो! रुको! उसका सामना करो। उसकी आँखों में आँखें डालो।"

व्यक्ति रुका, पलटा और साहसपूर्वक बंदर की ओर देखा। जैसे ही उसने बंदर की आँखों में आँखें डालीं, बंदर डरकर भाग गया। उस व्यक्ति ने राहत की सांस ली और आवाज की दिशा में देखा, वहाँ स्वामी विवेकानंद खड़े मुस्करा रहे थे।

उन्होंने कहा,**"मुसीबतों, संकटों और असफलताओं से जितना डरोगे, वे उतना ही डराएँगी। लेकिन जब तुम उनसे मुकाबला करने के लिए कमर कस लोगे, तो वे डरकर भाग जाएंगी। इसलिए भागो मत, सामना करना सीखो।"**

हमारे जीवन में भी यही होता है। जब तक हम असफलताओं और बाधाओं से डरते हैं, वे हमें सताती रहती हैं। लेकिन जब हम उनका सामना करने के लिए तैयार हो जाते हैं, वे स्वतः भाग जाती हैं, क्योंकि वास्तव में वे कमजोर होती हैं।

इसलिए मैं आपसे सिर्फ यह कहना चाहता हूँ कि अपनी समस्त शक्तियों को एकत्र करें और दरिद्रता, असफलता और निराशा से जूझें। तब देखिए कि कितनी जल्दी आपका जीवन बदलता है और आपकी गिनती सफल लोगों में होने लगती है। इसके लिए आपको अपने मन को सफलता के विचारों से भरना होगा, असफलता के भावों को त्यागना होगा, और संदेह, भय और निराशा को मन से निकाल फेंकना होगा।

याद रखें :

"समय की रेत पर कदमों के निशान बैठकर नहीं बनाए जा सकते।"

व्यक्ति की सफलता या असफलता सीधे तौर पर उसके विचारों पर निर्भर करती है। सकारात्मक सोच और आशावादी दृष्टिकोण रखने वाला व्यक्ति एक न एक दिन सफलता जरूर हासिल करता है।

अगर आपकी सोच सीमित और छोटी है, तो आप बड़े और ऊँचे सपने नहीं देख सकते। बड़ी सफलता पाने के लिए आपको अपनी सोच को बड़ा और खुला रखना होगा। छोटी सोच आपको आगे बढ़ने से रोकती है, जबकि बड़ी सोच आपको नए अवसरों और बड़े लक्ष्यों की ओर ले जाती है।

- सूर्या सिन्हा

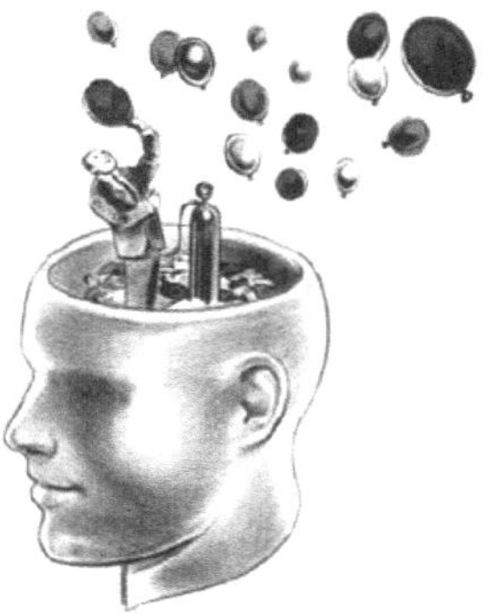

अध्याय - 13

बड़ा शक्तिशाली है मन

विचारों में अद्वितीय शक्ति होती है। अनादि काल से लेकर वर्तमान तक सभी महान मनीषियों ने विचारों की इस अद्वितीय शक्ति का गुणगान किया है। यदि विचार स्वस्थ हों, तो मन भी स्वस्थ रहता है। वहीं थके-हारे, बीमार विचार रखने से आपका मन और शरीर भी बीमार हो जाते हैं।

स्वस्थ और अस्वस्थ मन की पहचान क्या है ?

जो मन सकारात्मक विचारों से भरा हो, जिसमें आशा की किरण और सफलता का विश्वास हो, वही मन स्वस्थ है।

जिसमें नकारात्मकता, निराशा, और जीवन के प्रति अविश्वास हो, वह मन बीमार होता है।

बीमार मन में अच्छे विचारों का आना कठिन हो जाता है, और बुरे विचार मन की शक्ति को लगातार क्षीण करते रहते हैं।

जीवन में उपलब्धियाँ और सफलताएँ पाने के लिए विचारों का सकारात्मक और प्रबल होना आवश्यक है। सकारात्मक विचारों में संकल्प तक पहुँचने की क्षमता होती है। एक बार संकल्प ले लेने के बाद सफलता सुनिश्चित होती है। इसलिए व्यक्ति को चाहिए

कि वह अपने मन में किसी प्रकार का विकार न आने दें। मन रूपी यंत्र में किसी प्रकार का जंग न लगने दें।

यदि व्यक्ति का मन प्रफुल्लित और ऊर्जावान है, तो वह दुर्बल शरीर के होते हुए भी असाधारण कार्य कर सकता है। लेकिन यदि मन दुर्बल है, तो शरीर चाहे कितना भी शक्तिशाली क्यों न हो, वह व्यर्थ हो जाता है। उस स्थिति में शरीर मात्र हाड़-मांस का ढेर रह जाता है। एक प्रसिद्ध कथन है:

"मन के हारे हार है, मन के जीते जीत।"

यह साधारण कथन नहीं है, इसमें अनंत शक्ति और प्रेरणा का स्रोत छिपा है। जो व्यक्ति इस कथन का वास्तविक अर्थ समझ लेता है, उसके लिए इस संसार में कोई भी कार्य असंभव नहीं होता। कठिन से कठिन कार्य भी उसके लिए सरल और संभव हो जाते हैं।

सोचिए, जब मनुष्य ने इस धरती पर जन्म लिया था, तब वह क्या था? अन्य पशुओं की तरह वह भी एक साधारण प्राणी था, लेकिन उसमें एक विशेषता थी—उसकी सोचने, समझने और विचारने की क्षमता। इसी विशेष शक्ति के बल पर उसने विकास किया और प्रकृति और अन्य प्राणियों पर नियंत्रण करने वाला स्वामी बन गया। मनुष्य और पशुओं में यही अंतर है। पशु आज भी वैसे ही हैं जैसे हजारों साल पहले थे, परंतु मनुष्य ने अपनी सोचने-समझने और विचारने की अद्भुत शक्ति से मानव सभ्यता का निर्माण किया और अपने लिए सभी सुख-सुविधाओं का संसार रच डाला।

मनुष्य की इन सफलताओं का रहस्य उसके विचारों और संकल्पशक्ति में छिपा है। मनुष्य जिस बात पर विचार करता है, चिंतन और मनन करता है, और जिन उद्देश्यों की पूर्ति का संकल्प लेता है, उसे मन की शक्ति से ही सफलता प्राप्त होती है। यदि व्यक्ति के मन में दृढ़ निश्चय हो, तो उसकी सारी शारीरिक दुर्बलताएँ नष्ट हो जाती हैं।

सकारात्मक सोच और दृढ़ संकल्प से मन को शक्ति मिलती है, और मन की शक्ति से आप जो चाहें कर सकते हैं। जो लोग पर्वतों की चोटियों तक या सागर की गहराइयों तक पहुँचे, उनके पास मन की शक्ति ही उनकी सबसे बड़ी शक्ति थी।

सारांश

"मन में अपार शक्ति होती है। हमारे विचार हमारी वास्तविकता को आकार देते हैं। सकारात्मक विचार हमें स्वस्थ और सफल जीवन की ओर ले जाते हैं, जबकि नकारात्मक विचार मन और शरीर दोनों को कमजोर कर देते हैं। एक स्वस्थ मन आशा, सकारात्मकता और दृढ़ संकल्प से परिपूर्ण होता है। जब विचार मजबूत संकल्पों में बदलते हैं, तो सफलता प्राप्त करना संभव हो जाता है। इतिहास गवाह है कि सबसे बड़ी उपलब्धियाँ केवल शारीरिक शक्ति से नहीं, बल्कि मानसिक शक्ति से प्राप्त होती हैं। इसलिए, सकारात्मक विचारों का पोषण करना चुनौतियों पर विजय पाने और जीवन में अपनी पूरी क्षमता तक पहुँचने की कुंजी है।"

जब तक आप अपनी सोच को नहीं बदलते, तब तक आपके जीवन में कोई बड़ा बदलाव नहीं आ सकता। आपकी सोच ही आपके काम और फैसलों को दिशा देती है। जब आप नई और सकारात्मक सोच अपनाते हैं, तभी जीवन में नए अवसर और बदलाव आते हैं। सोच बदलना ही जीवन में बदलाव की शुरुआत है।

- सूर्या सिन्हा

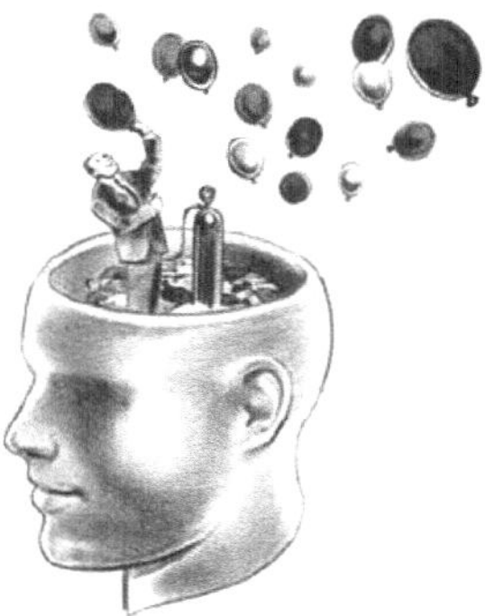

अध्याय - 14

मन को मजबूत करें

मन की शक्ति अद्वितीय होती है, और यदि इसे सही तरीके से पोषित किया जाए, तो हम जीवन की किसी भी चुनौती का सामना कर सकते हैं। मन को मजबूत बनाने के लिए निम्नलिखित उपायों का पालन कर सकते हैं :

सकारात्मक सोच अपनाएं : सकारात्मक सोच मन को मजबूत बनाने का पहला और सबसे महत्वपूर्ण कदम है। नकारात्मक विचार आत्मविश्वास को कमजोर कर देते हैं और जीवन में प्रगति में बाधा बनते हैं। इसलिए, हमेशा अपने मन में सकारात्मक और आशावादी विचारों को स्थान दें। जब भी नकारात्मक विचार आएं, उन्हें पहचानें और तुरंत सकारात्मक विचारों से बदलने का प्रयास करें। सकारात्मक सोच से न केवल आत्मविश्वास बढ़ता है, बल्कि जीवन की चुनौतियों का सामना करने की क्षमता भी विकसित होती है। यह दृष्टिकोण आपको जीवन में आगे बढ़ने और हर परिस्थिति में सफलता प्राप्त करने के लिए प्रेरित करेगा।

ध्यान और मेडिटेशन का अभ्यास करें : ध्यान और मेडिटेशन मन को शांति और मजबूती प्रदान करते हैं। नियमित ध्यान का अभ्यास आपके विचारों को केंद्रित करता है, जिससे मानसिक शांति बनी रहती है। ध्यान से न केवल तनाव कम होता है, बल्कि मानसिक संतुलन भी मजबूत होता है, जिससे कठिन परिस्थितियों में धैर्यपूर्वक और

सही निर्णय लेने की क्षमता बढ़ती है। यह मन की चंचलता को नियंत्रित कर जीवन को संतुलित और सुखद बनाने में मदद करता है। ध्यान का नियमित अभ्यास आपको अधिक आत्मविश्वासी, शांत और जीवन के उतार-चढ़ाव का सामना करने के लिए तैयार करता है।

संकल्प और लक्ष्य निर्धारित करें : संकल्प और लक्ष्य निर्धारित करना मन को मजबूत बनाने का महत्वपूर्ण तरीका है। जब आपके पास जीवन में एक स्पष्ट उद्देश्य या लक्ष्य होता है, तो मन उस दिशा में केंद्रित और प्रेरित हो जाता है। लक्ष्य एक स्पष्ट दिशा प्रदान करते हैं, जिससे आप अपने प्रयासों को सही दिशा में लगा पाते हैं। इसलिए, अपने जीवन के उद्देश्य और लक्ष्य को स्पष्ट रूप से निर्धारित करें और उन्हें पाने के लिए दृढ़ संकल्प करें। यह न केवल आपकी मानसिक शक्ति को बढ़ाएगा, बल्कि आपको जीवन में सफलता और संतुष्टि प्राप्त करने में भी सहायता करेगा।

आत्म-विश्वास बढ़ाएं : आत्म-विश्वास मन की मजबूती का मूल आधार है। जब आप खुद पर विश्वास करते हैं कि आप किसी भी परिस्थिति का सामना कर सकते हैं, तो आपका मन स्वाभाविक रूप से मजबूत हो जाता है। हर दिन खुद को प्रेरित करें और अपने पिछले अनुभवों से सीखें। आत्म-विश्वास बढ़ाने के लिए अपनी क्षमताओं और सफलताओं पर ध्यान दें। इससे आपके मन में सकारात्मकता और आत्मनिर्भरता का विकास होता है। जब आप अपने भीतर की शक्ति को पहचानते हैं, तो जीवन की चुनौतियों को आत्मविश्वास के साथ सामना करने की क्षमता विकसित होती है, जो आपकी मानसिक शक्ति को और भी प्रबल बनाती है।

धैर्य और सहनशीलता विकसित करें : धैर्य और सहनशीलता जीवन की चुनौतियों का सामना करने में महत्वपूर्ण भूमिका निभाते हैं। कठिन समय में धैर्य रखने से मन मजबूत होता है और व्यक्ति मानसिक रूप से स्थिर रहता है। जीवन में उतार-चढ़ाव आना स्वाभाविक है, लेकिन जो व्यक्ति धैर्य से उनका सामना करता है, वह हर कठिनाई को एक अवसर के रूप में देखता है। धैर्यवान व्यक्ति मुश्किल हालात से सीखता है और उन्हें विकास के साधन के रूप में अपनाता है। यह गुण न केवल संकटों को आसान बनाता है, बल्कि जीवन में सफलता प्राप्त करने के लिए भी महत्वपूर्ण होता है।

शारीरिक और मानसिक स्वास्थ्य का ख्याल रखें : मन और शरीर का आपस में गहरा संबंध होता है। यदि शरीर स्वस्थ रहता है, तो मन भी सकारात्मक और मजबूत बना रहता है। शारीरिक स्वास्थ्य को बनाए रखने के लिए नियमित व्यायाम, संतुलित आहार और पर्याप्त नींद अत्यंत आवश्यक हैं। इसके साथ ही मानसिक स्वास्थ्य पर भी ध्यान देना

चाहिए। ध्यान, मेडिटेशन, और सकारात्मक सोच जैसी गतिविधियाँ मानसिक शांति और संतुलन प्रदान करती हैं। जब मन और शरीर दोनों स्वस्थ रहते हैं, तो जीवन में ऊर्जा, उत्साह और आत्मविश्वास बना रहता है। इसलिए, शारीरिक और मानसिक स्वास्थ्य का ख्याल रखना जीवन में सफलता और संतुष्टि के लिए महत्वपूर्ण है।

नकारात्मक लोगों और वातावरण से दूर रहें : नकारात्मक लोगों और वातावरण से दूर रहना आवश्यक है क्योंकि ये आपकी सोच और आत्मविश्वास को कमजोर कर सकते हैं। नकारात्मकता से घिरे रहने पर आप खुद भी निराश और हतोत्साहित महसूस करने लगते हैं। इसके विपरीत, सकारात्मक और प्रेरणादायक लोगों के साथ समय बिताने से मनोबल बढ़ता है और आपके विचारों में सकारात्मकता आती है। ऐसे वातावरण में आप मानसिक रूप से मजबूत और ऊर्जावान बने रहते हैं। इसलिए, अपने जीवन में ऐसे लोगों को प्राथमिकता दें जो आपको प्रेरित करें और आपके आत्मविश्वास को बढ़ाने में मदद करें। इससे आपका जीवन संतुलित और सफल बनेगा।

नई चीजें सीखें और चुनौतियों का सामना करें : नई चीजें सीखना और चुनौतियों का सामना करना हमारे मन और व्यक्तित्व को मजबूत बनाता है। जब हम नई स्किल्स सीखते हैं, तो हमारा मस्तिष्क सक्रिय रहता है और नए अनुभव हमें मानसिक रूप से विकसित करते हैं। खुद को मानसिक और शारीरिक चुनौतियों में डालने से आत्मविश्वास बढ़ता है और हम अपने डर का सामना करना सीखते हैं। चाहे कोई नई भाषा हो या किसी डर का सामना करना, इन चुनौतियों से गुजरने पर हम न केवल नई क्षमताएं विकसित करते हैं, बल्कि मानसिक दृढ़ता भी प्राप्त करते हैं, जो जीवन की मुश्किलों का सामना करने में सहायक होती है।

अतीत को पीछे छोड़ें : अतीत में हुई असफलताएं और गलतियां मन को कमजोर करती हैं, लेकिन उन पर पछतावा करते रहना प्रगति में बाधा बनता है। अतीत को पीछे छोड़ना ही समझदारी है। अपनी गलतियों से सीखें, लेकिन उन्हें अपने वर्तमान पर हावी न होने दें। हर दिन एक नया अवसर है, इसलिए भविष्य की ओर सकारात्मक दृष्टिकोण के साथ बढ़ें। अतीत में फंसे रहने से वर्तमान क्षमताओं और संभावनाओं का लाभ नहीं मिल पाता। जो बीत गया, उसे स्वीकार करें और आगे बढ़ने की मानसिकता अपनाएं, तभी सच्ची सफलता और संतुलित जीवन संभव है।

आभार और संतोष का अभ्यास करें : आभार और संतोष का अभ्यास मानसिक

मजबूती का महत्वपूर्ण आधार है। जब हम अपने जीवन में जो कुछ भी है, उसके लिए आभार व्यक्त करते हैं, तो मन में शांति और संतुलन आता है। यह हमें नकारात्मक भावनाओं से दूर रखता है और जीवन के प्रति सकारात्मक दृष्टिकोण विकसित करता है। संतोष का अभ्यास हमें वर्तमान में जीने और छोटी-छोटी चीज़ों में खुशी ढूंढने में मदद करता है। आभार से मन की चिंताएँ कम होती हैं और आत्म-संतुष्टि बढ़ती है, जिससे मानसिक शांति और स्थिरता का अनुभव होता है। यह अभ्यास हमें कठिनाइयों का सामना करने के लिए तैयार करता है।

नियमित रूप से आत्म-चिंतन करें : नियमित आत्म-चिंतन से आप अपनी कमियों और खूबियों को बेहतर ढंग से समझ पाते हैं। यह प्रक्रिया आपको अपने मन की स्थिति का विश्लेषण करने में मदद करती है, जिससे आपकी सोच स्पष्ट होती है। आत्म-चिंतन आपको यह जानने का अवसर देता है कि आप किन क्षेत्रों में सुधार कर सकते हैं और किन गुणों को विकसित करना चाहिए। जब आप खुद को गहराई से समझते हैं, तो आप मानसिक रूप से मजबूत और आत्मविश्वासी बनते हैं। यह अभ्यास न केवल आत्म-जागरूकता बढ़ाता है, बल्कि आपकी मानसिक क्षमता और निर्णय लेने की क्षमता को भी मजबूत करता है, जिससे जीवन में संतुलन और स्थिरता मिलती है।

याद रहे :

मन को मजबूत करना कोई एक दिन का काम नहीं है, बल्कि यह निरंतर अभ्यास और अनुशासन का परिणाम है। सकारात्मक सोच, ध्यान, आत्म-विश्वास, और धैर्य जैसे गुणों का विकास करके आप अपने मन को इतना मजबूत बना सकते हैं कि जीवन की किसी भी कठिनाई का सामना आसानी से कर सकें।

यदि आप सकारात्मक विचारों को अपना हथियार बना लें, तो जीवन के संघर्षों में आपकी विजय निश्चित है। इसलिए हमेशा एक योद्धा की तरह विपरीत परिस्थितियों से जूझने के लिए तैयार रहें।

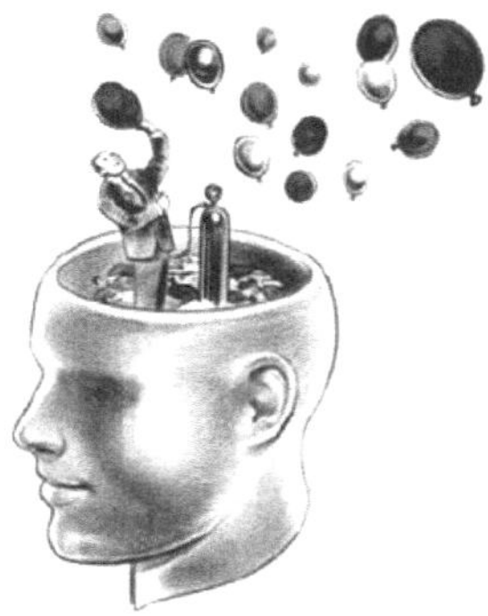

अध्याय - 15

जगाना है मन की शक्ति

हमारे आस-पास ऐसे कई लोग होते हैं, जो न तो कुछ करने की सोचते हैं और न ही कुछ करते हैं। वे खाली बैठे रहते हैं, समय बर्बाद करते हैं, और इस वजह से शारीरिक और मानसिक रूप से कमजोर हो जाते हैं। लेकिन जब उन पर कोई जिम्मेदारी आती है, तो वे अचानक पूरे तन-मन से उस जिम्मेदारी को निभाने में जुट जाते हैं और पूरी कुशलता से उसे पूरा करते हैं। यह कैसे होता है? दरअसल, जब व्यक्ति की कर्त्तव्यपरायणता की परीक्षा का समय आता है, तब उसके मन की शक्ति जागृत हो जाती है।

मन की शक्ति अद्वितीय है। यह वही शक्ति है जो सारी दुर्बलताओं पर विजय दिलाने में सहायक होती है। जब यह शक्ति प्रकट होती है, तो व्यक्ति के संपूर्ण शरीर में जैसे विद्युत तरंगें दौड़ने लगती हैं। उस शक्ति के प्रभाव से व्यक्ति का कमजोर शरीर भी स्वस्थ शरीर की तरह काम करने लगता है और वह निष्ठा से अपने कर्त्तव्य का पालन करता है।

इस संदर्भ में मुझे कुछ वर्ष पहले की एक सच्ची घटना याद आ रही है। यह घटना उत्तर प्रदेश के एक गांव की है, जो जंगल के किनारे बसा था। उस गांव में जंगली जानवरों का आतंक आम बात थी।

गांव के एक घर का आंगन। आंगन में एक बच्चा खेल रहा था, और पास में उसकी

माँ हैंडपंप पर कुछ काम कर रही थी। अचानक, एक बाघिन आंगन में आई और बच्चे को दबोच लिया। माँ ने बच्चे की चीख सुनी और स्तब्ध रह गई। मानो उसे काटो तो खून नहीं। लेकिन तभी उसकी ममता जाग उठी। बच्चे के प्रति असीम प्रेम ने उसके अंदर की शक्ति को जागृत कर दिया। वह मदद की गुहार लगाते हुए दौड़ी और बाघिन से भिड़ गई।

महिला के इस अप्रत्याशित हमले से बाघिन भी हैरान रह गई। कुछ देर दोनों के बीच घमासान संघर्ष हुआ। माँ ने ठान लिया था कि चाहे कुछ भी हो जाए, बच्चे को बचाना है। बाघिन महिला के साहस से घबरा गई, क्योंकि वह महिला अदम्य शक्ति के साथ उससे लड़ रही थी। अंततः बाघिन को हार मानकर भागना पड़ा, क्योंकि उसकी दहाड़ों और महिला की ललकार सुनकर गाँववाले भी वहां पहुँच गए थे।

यह घटना स्पष्ट रूप से दिखाती है कि जब व्यक्ति की मन की शक्ति जाग जाती है, तो असंभव कार्य भी संभव हो जाता है। बाद में, जब लोगों ने उस महिला से उसके साहस के बारे में पूछा, तो उसने कहा, **"मैं खुद हैरान हूँ कि मुझमें इतनी शक्ति और साहस कहाँ से आ गया!"**

दोस्तों, अक्सर ऐसा होता है कि हम अपनी क्षमताओं और शक्तियों के प्रति गंभीर नहीं होते। हमें पता ही नहीं होता कि हमारे भीतर शक्ति और प्रेरणा का एक अथाह समुद्र हिलोरे मार रहा है। लेकिन जब अचानक कोई विपत्ति या महासंकट आता है, तब यह सोई हुई शक्ति जागृत होती है और मन की शक्ति की लहरें उठने लगती हैं।

विपत्ति के समय हम आश्चर्य करते हैं कि इतने दिनों तक यह अदम्य शक्ति कहाँ छिपी हुई थी। जब मानव की यह चेतना शक्ति अंधकार से निकलकर अपने दिव्य रूप में प्रकट होती है, तो वह अपने ही प्रकाश से पूरे संसार को आलोकित कर देती है।

सदा याद रखें :

- जीवन पथ पर आने वाली भयंकर चुनौतियाँ ही मनुष्य को उसकी असीमित शक्तियों के प्रति जागरूक करती हैं।
- विश्वास बड़ी चीज़ है। विश्वास असम्भव को भी संभव बना देता है।
- इस संसार का आधार विश्वास है। यदि विश्वास समाप्त हो जाए, तो संसार में कुछ भी शेष नहीं बचेगा। और यह विश्वास मनुष्य के मन से उत्पन्न होता है।

- कठिन परिस्थिति में भी व्यक्ति को यह धारणा रखनी चाहिए कि प्रभु उसके साथ हैं, और उनकी असीम शक्तियाँ भी उसके साथ हैं।
- कठिन परिस्थितियों में अदम्य आस्था व्यक्ति को धीरज बंधाए रखती है, और उसका मनोबल ऊँचा रहता है।

जब व्यक्ति के मन में विश्वास जागृत हो जाता है, तब उसे यह भरोसा हो जाता है कि स्थिति बदलेगी और संकट के दिन खत्म हो जाएंगे। ऐसे में वह वर्तमान परिस्थितियों पर विजय पाकर आगे बढ़ता है।

अतः अपने मन की शक्ति को जागृत करें। संकल्पशक्ति का विकास करें। अपने विचारों का सम्मान करें और उन्हें विश्वासपूर्वक व्यवहार में लाएँ। यह सूत्र हमेशा याद रखें:

असफलता अस्थायी होती है। एक बार असफल हो जाने का अर्थ यह नहीं कि आप जीवन में असफल हो गए। जीवन हजारों घटनाओं से मिलकर बनता है। ऐसा नहीं होता कि कोई व्यक्ति हर कार्य में हर बार असफल हो या हर बार सफल हो। असफलता भी एक अनुभव देती है, जो बुद्धिमान व्यक्ति के लिए प्रेरणा बनकर उसकी सफलता को निश्चित कर सकती है। इसलिए आपको अपना ध्यान अपने लक्ष्य और जीवन की सफलता पर केंद्रित रखना चाहिए।

किसी विद्वान ने कहा है, "जीवन में जब तक हार न मानो, तब तक सफलता आपकी होती है।"

जीवन में बदलाव तभी आता है जब आपके पास अपनी सोच को बदलने का साहस होता है। जो लोग अपनी सोच को बदलने का हिम्मत रखते हैं, वे ही अपने जीवन में नई दिशा और सफलता की ओर बढ़ सकते हैं। बिना सोच बदले, जीवन में बड़े बदलाव लाना मुश्किल होता है।

- सूर्या सिन्हा

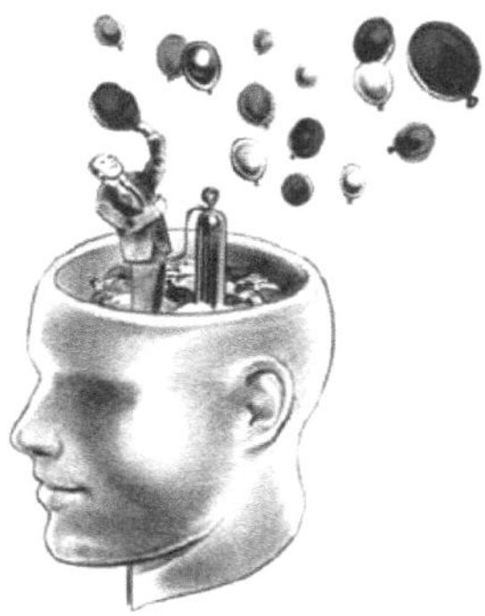

अध्याय - 16

विचारों का प्रभाव

"महान विचार, कार्य रूप में परिणत होने पर महान कार्य बन जाते हैं।"

लेकिन समाज में अक्सर इसका उल्टा देखने को मिलता है। अच्छे विचारों का प्रभाव मनुष्य के मन पर देर से पड़ता है, जबकि बुरे विचार बहुत जल्दी अपना असर दिखाते हैं। बुरे विचारों के विभिन्न स्वरूप होते हैं, जो शुरुआत में भले ही नुकसानदेह न लगें, लेकिन धीरे-धीरे यह हमारे मन में जड़ें जमा लेते हैं। एक बार ये जड़ें गहरी हो जाती हैं, तो इनसे छुटकारा पाना बेहद कठिन हो जाता है।

समय के साथ, ये दुर्विचार हमारे स्वभाव का हिस्सा बन जाते हैं। इसलिए यह समझना जरूरी है कि जैसे आपके विचार होंगे, उनका असर आपके शरीर और कार्यों पर वैसा ही पड़ेगा। प्राचीन मनीषियों ने इस सत्य को समझा था, इसलिए उन्होंने बचपन से ही सद्विचारों की छाप छोड़ने के लिए सामाजिक व्यवस्था बनाई। ब्रह्मचर्य काल के दौरान बच्चों को गुरुकुलों में अच्छे संस्कार, धर्म की मर्यादा, गुरु और माता-पिता का आदर, तथा दूसरों के प्रति स्नेह और करुणा का पाठ पढ़ाया जाता था। इस प्रकार उन्हें संयमी, सदाचारी और साहसी नागरिक बनाया जाता था।

विचारों का महत्व

विचारों की शक्ति को समझने वाले लोग अज्ञानता के चक्र से बाहर निकलने के लिए तैयार होते हैं। जब ऐसे लोग अपने विचारों में परिवर्तन लाते हैं, तो उनका जीवन बदल जाता है। उनकी कार्यकुशलता बढ़ जाती है, उनके विचारों की गति इतनी तेज हो जाती है कि वे कहीं से कहीं पहुँच जाते हैं। उनके संबंध और नेटवर्क उनके विकास की सीढ़ियाँ बन जाते हैं।

वे सद्विचारों का प्रकाश फैलाते हैं और उनके विचार कर्त्तव्यनिष्ठा, कार्ययोजना और कार्यकुशलता जैसे गुणों से अनजान लोगों की जिंदगी बदल देते हैं। ऐसे लोगों के विचार पारस पत्थर की तरह काम करते हैं, जिससे साधारण व्यक्ति भी महान बन जाते हैं। उन्हें परमात्मा और प्रकृति विशेषताओं से नवाजते हैं और वे समाज के पथप्रदर्शक बन जाते हैं।

आज आप देख सकते हैं कि एक ऐसा व्यक्ति है जिसके पीछे भीड़ चलती है, उसकी बातें सुनती है, उसका अनुसरण करती है और सभा स्थलों में उसे आदर दिया जाता है। आपने कभी सोचा है कि ऐसा क्यों होता है? इसका कारण यह है कि उसके विचार निर्मल, उत्साहवर्धक और सबके हित में होते हैं। उसके विचार दूसरों पर गहरा प्रभाव डालते हैं, इसलिए लोग उसका अनुसरण करते हैं।

याद रखें :

विचारों का प्रभाव अत्यधिक तीव्र होता है। इसलिए अपने मन में उच्च, सकारात्मक और निर्माणात्मक विचारों को स्थान दें।

"आपके उच्च, सकारात्मक और निर्माणात्मक विचार ही आपको महान बनाते हैं, जबकि नकारात्मक विचार आपको निम्न श्रेणी में ले जाते हैं। यही है विचारों की शक्ति का प्रभाव।"

"यदि आप अपने आप से संतुष्ट हैं, तो आप आगे नहीं बढ़ पाएंगे। इसका कारण यह है कि जो बीज बीज रहने से ही संतुष्ट हो, वह कभी वृक्ष नहीं बन सकता। वृक्ष बनने के लिए बीज के भीतर गहरा असंतोष और वृक्ष बनने की तीव्र इच्छा होनी चाहिए।"

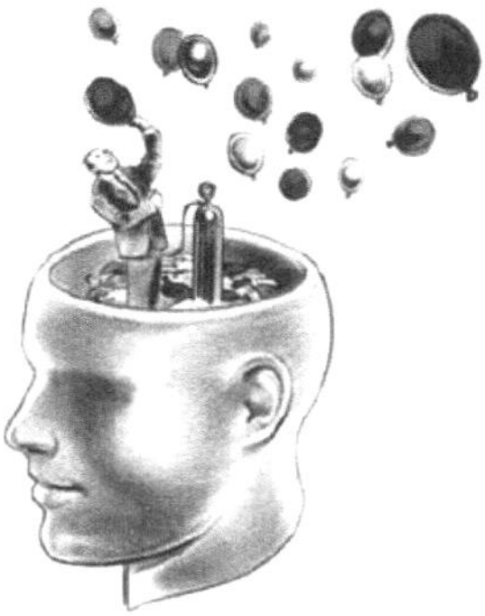

अध्याय - 17

अपनी क्षमताओं को पहचानें

आधुनिकता के बावजूद हमारे समाज में विषमता हर कदम पर दिखाई देती है। आज भी बहुत से लोग हैं जो अपनी उम्र का बड़ा हिस्सा व्यर्थ गवां चुके हैं, फिर भी जागरूक नहीं हो पाए हैं। वे सदियों पुराने विचारों और जर्जर मान्यताओं को ढोते जा रहे हैं। उन्होंने अपनी शक्ति और योग्यता का शायद ही कभी उपयोग किया हो, और इसी कारण वे औसत से भी कमतर दर्जे के बनकर रह गए। उनकी क्षमताएँ इतनी गहरी सो गईं कि वे उन्हें जागृत करने में असमर्थ रहे।

इसका मुख्य कारण यह है कि उन्होंने हमेशा खुद को तुच्छ समझा और कभी विशिष्ट बनने की कोशिश नहीं की। आत्म-मूल्यांकन में उन्होंने सदा गलती की और बस गुजरी हुई पीढ़ियों को ही देखते रहे। उन्होंने उन लोगों को अपना आदर्श बनाया जो परंपराओं से बंधे रहे, पुरानी राह पर ही चले, जबकि उन्होंने उन लोगों को नज़रअंदाज़ किया जिन्होंने जमीन से आसमान तक का सफर तय किया। जब उन्होंने इन सफल लोगों को देखा भी, तो बस आह भर कर रह गए, **"हमारे नसीब में कहां ये सब!"**

इन निराशावादियों ने कभी यह प्रयास नहीं किया कि वे अपनी शक्ति और योग्यता को मथकर ऊर्जा का वह मक्खन निकाल सकें, जो व्यक्ति के भाग्य को संवारता है। वे बस

"नसीब-नसीब" कहकर कुंठा में जीते रहे।

ऐसे लोगों से मिलने पर आपको पता चलेगा कि उनमें भी महान शक्ति छिपी थी, लेकिन उन्होंने कभी उसे बाहर नहीं निकाला। उन्होंने अपने पुराने, नकारात्मक और रूढ़िवादी विचारों को छोड़ने का साहस नहीं किया और अंततः इन्हीं विचारों के कारण जीवन से हार मान ली। परिवर्तन को स्वीकारने की क्षमता उनमें नहीं थी, जबकि सफल होने और ऊँचाई तक पहुँचने के लिए परिवर्तन आवश्यक है।

यदि आदिम मानव ने परिवर्तन नहीं किया होता, तो हम आज भी जंगलों और गुफाओं में रह रहे होते।

सोच में परिवर्तन क्यों जरूरी है?

याद रखें, जो लोग अपनी पिछली पीढ़ियों की अवैज्ञानिक परंपराओं में बंधे रहे, वे या तो औसत दर्जे के रहे या पूरी तरह मिट गए। यदि आप ऊंचाई तक पहुँचना चाहते हैं, तो आपको अपने विचारों में बदलाव करना ही होगा। जैसे ही आप अपने विचारों को बदलेंगे, बाकी सब अपने आप बदल जाएगा।

विचारों में परिवर्तन कैसे लाएं?

1. आपकी धारणा होनी चाहिए कि मैं कुछ कर सकता हूँ।
2. हमेशा आशावादी विचारों को मन में स्थान दें।
3. मैं जो भी लक्ष्य तय करूंगा, उसे प्राप्त करके रहूंगा।
4. मैं शक्तिशाली हूँ, योग्य हूँ और ईश्वर की कृपा से आत्मविश्वास से भरा हूँ।
5. मैं ईश्वर का पुत्र हूँ और उसने मुझे कुछ विशेष करने के लिए धरती पर भेजा है।
6. दुनिया के समस्त ऐश्वर्य मेरे लिए हैं, एक योद्धा की तरह जीत हासिल करके मुझे उन सभी सुख-ऐश्वर्यों को भोगना है।
7. संसार में ऐसा कोई कार्य नहीं जिसे मैं नहीं कर सकता।

इन सूत्रों को याद रखने के लिए इन्हें कागज पर बड़े अक्षरों में लिख लें। इन्हें रोज पढ़ने से आपके अंदर विश्वास का संचार होगा और आपके आस-पास का वातावरण भी आपके अनुकूल काम करने लगेगा।

इस संदर्भ में मुझे एक और प्रेरणादायक घटना याद आ रही है। यह घटना भारत के पूर्व

राष्ट्रपति डॉ. ए.पी.जे. अब्दुल कलाम से जुड़ी है। डॉ. कलाम का बचपन तमिलनाडु के रामेश्वरम में बेहद साधारण और संघर्षपूर्ण परिस्थितियों में बीता। उनके परिवार की आर्थिक स्थिति इतनी कमजोर थी कि उन्हें बचपन में अखबार बेचने का काम भी करना पड़ा। इसके बावजूद उन्होंने अपनी पढ़ाई में कोई कमी नहीं छोड़ी।

डॉ. कलाम ने अपनी मेहनत और लगन से वैज्ञानिक बनने का सपना पूरा किया और भारतीय अंतरिक्ष अनुसंधान संगठन (ISRO) में महत्वपूर्ण भूमिका निभाई। उनकी नेतृत्व क्षमता और देश के लिए समर्पण ने उन्हें 'मिसाइल मैन' का खिताब दिलाया। बाद में वे भारत के राष्ट्रपति बने और देशभर में लाखों लोगों के लिए प्रेरणा का स्रोत बन गए।

डॉ. कलाम की यह कहानी हमें सिखाती है कि चाहे कितनी भी कठिन परिस्थितियाँ क्यों न हों, अगर आपके मन में दृढ़ संकल्प और सकारात्मक सोच हो, तो कोई भी बाधा आपको अपने लक्ष्य से रोक नहीं सकती। जैसे कहा जाता है, "मन के हारे हार है, मन के जीते जीत," डॉ. कलाम का जीवन इसका सबसे बेहतरीन उदाहरण है।

याद रखें :

किसी की छोटी सी जिंदगी सौ काम कर जाती है, जबकि कोई सौ साल की जिंदगी में भी कुछ नहीं कर पाता। यह जरूरी नहीं कि लंबी उम्र मिले, बल्कि सच्चे कर्मवीर तो अपने छोटे जीवन में ही इतिहास रच देते हैं।

हम केवल बातों से लोगों की सोच और कार्यनीति को नहीं बदल सकते। उनकी सोच और कार्यनीति में बदलाव लाने के लिए यह आवश्यक है कि हम स्वयं ऐसा कुछ करें, जिसे देखकर वे प्रभावित हो सकें। इसका कारण यह है कि लोग वही करते हैं, जिससे वे प्रभावित होते हैं।

जीवन में एक बार असफल होने का अर्थ यह कदापि नहीं कि आप जीवन में कभी सफल हो ही नहीं सकते। सफलता-असफलता जीवन रूपी सिक्के के दो पहलू हैं।

- सूर्या सिन्हा

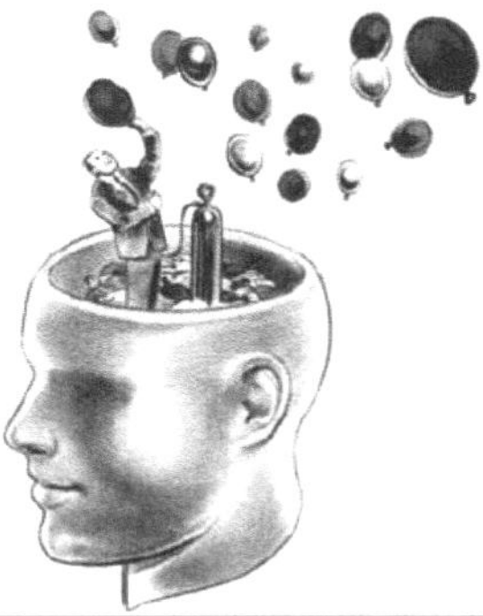

अध्याय - 18

गुण बोएं, आनंद पाएं

सोच में परिवर्तन लाना और उसे सकारात्मक बनाना, शांति से शुरू होता है। सदियों से मनुष्य को महान बनाने के लिए कुछ महत्वपूर्ण सूत्र बताए जाते रहे हैं:

- शांत रहिए।
- संतुलित रहिए।
- अपनी सीमा में रहिए।
- मर्यादाओं का पालन कीजिए।
- उत्तेजना का त्याग कीजिए।
- प्रत्येक कार्य में सूझबूझ और दूरदर्शिता का परिचय दीजिए।

उपरोक्त योग्यताएं और गुण जिस व्यक्ति में होते हैं, वही अपनी प्रतिभा का पूरा लाभ उठा सकता है। लेकिन इसके बावजूद, मैंने कई ऐसे व्यक्तियों को देखा है, जिनमें ये गुण होते हुए भी वे सफल नहीं हो पाते। इसका सबसे बड़ा कारण यह है कि उन्होंने इन योग्यताओं के साथ-साथ क्रोध, तनाव, ईर्ष्या, आलस्य और अकुशलता जैसे दोषों को भी अपने जीवन में स्थान दे रखा है।

जीवन में सफलता और सच्चा सुख पाने के लिए हमें इन दोषों को त्यागना ही होगा,

और इसका सीधा संबंध हमारे विचारों से है। हमें सबसे पहले अपनी परिस्थितियों को समझना चाहिए। समाज में पिछले बीस सालों में हालात काफी तेजी से बदले हैं।

आज के समाज में हर वर्ग को अपनी-अपनी चुनौतियों का सामना करना पड़ रहा है। वृद्धों के लिए जीवन प्रत्याशा (लाइफ एक्सपेक्टेंसी) बढ़ने से उनकी उपयोगिता के नए क्षेत्रों की तलाश एक चुनौती बन गई है। वहीं, स्त्रियों की शिक्षा में बढ़ोतरी ने उनकी पारिवारिक भूमिका को नए सिरे से समझने की जरूरत पैदा की है।

वहीं, आज का युवावर्ग निरंतर प्रतिस्पर्धा के दबाव में जी रहा है। कदम-कदम पर उसे प्रतिद्वंद्वियों का सामना करना पड़ता है। उसका सफर अब आसान नहीं है, और उसे लगातार परीक्षाओं से गुजरना पड़ता है। अगर वह इस सफर में क्रोध, ईर्ष्या, जल्दबाजी, और चिंता का बोझ अपने कंधों और मन पर लादे रखेगा, तो वह सफर कभी पूरा नहीं कर पाएगा और थककर बैठ जाएगा। जिस प्रकार एक लंबी और महत्वपूर्ण यात्रा पर जाते समय आप केवल ज़रूरी और सीमित सामान लेकर चलते हैं, उसी प्रकार जीवन की यात्रा में भी आपको केवल वही विचार और गुण साथ रखने चाहिए, जो आपके सफर को आसान बनाएं और बिना किसी बाधा के आपको मंजिल तक पहुंचने दें।

याद रखें :

- ☞ जीवन की जटिलताओं का सामना दृढ़ता और सूझबूझ से करें।
- ☞ क्रोध का त्याग करें। किसी भी समस्या का समाधान शांत मन-मस्तिष्क से खोजें।
- ☞ जल्दबाजी में कोई निर्णय न लें। जल्दबाजी हमेशा घातक होती है।
- ☞ ईर्ष्या और द्वेष आपकी आंतरिक शक्ति और ऊर्जा को नष्ट करते हैं।
- ☞ अपने लाभ की सोचें, परंतु दूसरों की हानि करके नहीं। अन्यथा यह आपकी प्रवृत्ति को कुटिल बना देगा और आपके विचार दूषित हो जाएंगे।
- ☞ जीवन में एक बार असफल होने का अर्थ यह नहीं है कि आप कभी सफल नहीं हो सकते। हार-जीत जीवन रूपी सिक्के के दो पहलू हैं।
- ☞ जो लोग जीवन में कभी नहीं हारते, उन्हें जीत की सच्ची खुशी नहीं मिलती।
- ☞ आपकी हार सिर्फ यह बताने के लिए होती है कि आपसे कहीं-न-कहीं कोई चूक हुई है, जिसे सुधारने की जरूरत है।
- ☞ सूझबूझ और सुलझे विचारों वाला व्यक्ति हार के बाद अपनी गलतियों से सबक लेकर फिर से उठ खड़ा होता है और अंततः अपने लक्ष्य को किसी विजेता की तरह प्राप्त करता है।

अध्याय - 19

प्रकृति का नियम है परिवर्तन

मनुष्य के साथ सबसे बड़ी समस्या यह है कि वह प्रकृति से कुछ नहीं सीखता। हम रूढ़ियों से बंधे रहते हैं और आसानी से परिवर्तन स्वीकार नहीं करते। परिवर्तन के नाम से ही हम अनजाने में भयभीत हो जाते हैं, और यही भय हमारे मन में एक प्रकार की शून्यता पैदा कर देता है। इस शून्यता का परिणाम यह होता है कि दूषित विचार हमारे मन पर आक्रमण करने लगते हैं, क्योंकि जब मन में रचनात्मक विचारों का अभाव होता है, तो नकारात्मक विचार आसानी से प्रवेश कर जाते हैं।

जब हमारे मन में अच्छे विचार होते हैं, तब बुरे विचार अपनी जगह नहीं बना पाते। मन को सकारात्मक और उन्नत रखने के कई तरीके हैं, और इस विषय पर हमारे अनुभव भिन्न हो सकते हैं। परंतु, प्रकृति का एक अटल नियम है कि वह हमेशा खाली स्थान भरने का प्रयास करती है। जब हमारा मन अच्छे विचारों से खाली होता है, तब नकारात्मक विचारों का प्रवेश होता है। ये नकारात्मक विचार शंकाओं को जन्म देते हैं, और शंकाओं से भय, उत्साहहीनता, और निराशा उत्पन्न होती है।

इन्हीं नकारात्मक विचारों से व्यक्ति के मन में पूर्वाग्रह, हठवादिता, रूढ़िवादिता, मिथ्याविश्वास, ईर्ष्या, और द्वेष जैसे विकार पैदा हो जाते हैं। शुरू में यह सब हानिरहित लगते हैं, लेकिन समय के साथ ये विचार मन की गहराई में अपनी जड़ें जमा लेते हैं, और

इनसे छुटकारा पाना कठिन हो जाता है। ये विकार धीरे-धीरे हमारे स्वभाव का हिस्सा बन जाते हैं, और अंततः आदतों का रूप ले लेते हैं।

सबसे महत्वपूर्ण बात यह है कि हम यह भूल जाते हैं कि हमारे विचार ही हमारे जीवन की दिशा निर्धारित करते हैं। सफलता और असफलता, सुख और दुख, उत्थान और पतन, ये सब हमारे अपने विचारों की उपज हैं। इसलिए, यदि आपके विचार नकारात्मक हैं, तो आज ही इन्हें बदलने का संकल्प लें। इन्हें पवित्र और रचनात्मक बनाएं, और अपने जीवन को सफल बनाएं।

मैंने अपने जीवन में बहुत कुछ देखा, सुना, और सीखा है, और मुझे यही अनुभव हुआ है कि कुछ लोग संकट के समय और भी मजबूत हो जाते हैं। वे और अधिक धैर्य, समझदारी और कठिन परिश्रम के साथ आगे बढ़ते हैं। वहीं, कुछ लोग हर जगह भय, खतरे, और दुख का माहौल बनाते रहते हैं। वे हमेशा चिंता और निराशा का जहर फैलाते हैं और अपने जीवन को कष्ट और दुख से भरा मानते हैं।

अब सोचिए, क्या यह धारणा उचित है? क्या ऐसे विचारों वाला व्यक्ति जीवन में कभी उन्नति कर सकता है? निःसंदेह, आपका उत्तर 'नहीं' होगा।

यदि आपका उत्तर वास्तव में 'नहीं' है, तो आपको अपने आप को जानना और पहचानना होगा। अपने मन से नकारात्मक विचारों को हटाकर साहस, आत्मविश्वास और दृढ़ता से भरे विचारों को स्थापित करना होगा। यही आपकी प्रकृति की सच्ची पहचान है।

कुछ व्यावहारिक सुझाव :

- ☞ चिंता, भय, संदेह और निराशा की स्थिति में आप सही निर्णय नहीं ले सकते। उचित और ठोस निर्णय केवल तभी लिए जा सकते हैं, जब मन निर्मल, संतुलित और शांत हो। उस समय बनाई गई योजनाओं को ही क्रियान्वित करने का प्रयास करें।
- ☞ शक, संदेह, भय या क्रोध की स्थिति में मानसिक शक्तियां बिखर जाती हैं। इस स्थिति में मन एकाग्र नहीं होता, जिससे गलत निर्णय होते हैं। अच्छे विचारों को अपनाकर आप निराशा, क्रोध, ईर्ष्या, और द्वेष जैसे नकारात्मक विचारों

को दूर कर सकते हैं। इससे आपके जीवन के निर्णयों में मानसिक शक्तियों का सकारात्मक योगदान बढ़ेगा।

स्वामी विवेकानंद ने कहा है, "जीवन में मेरी सर्वोच्च अभिलाषा यही है कि मैं एक ऐसा चक्र परिवर्तन कर दूं जो उच्च और श्रेष्ठ विचारों को सबके द्वार-द्वार तक पहुंचा दे, और फिर स्त्री-पुरुष अपने-अपने भाग्य का निर्माण स्वयं कर लें।"

जीवन में बदलाव तभी आता है जब आपके पास अपनी सोच को बदलने का साहस होता है। जो लोग अपनी सोच को बदलने का हिम्मत रखते हैं, वे ही अपने जीवन में नई दिशा और सफलता की ओर बढ़ सकते हैं। बिना सोच बदले, जीवन में बड़े बदलाव लाना मुश्किल होता है।

- सूर्या सिन्हा

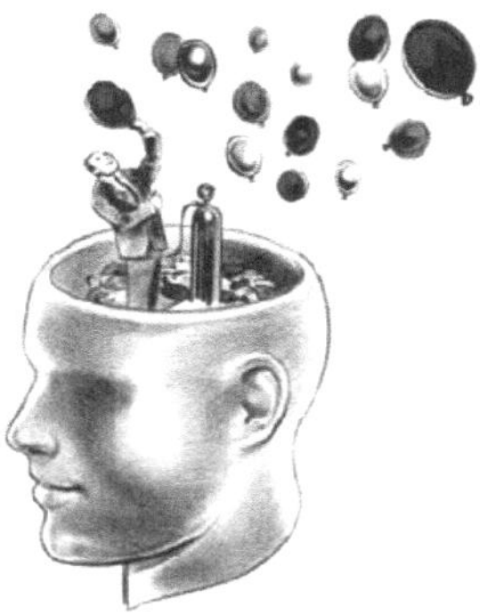

अध्याय - 20

सफलता मांगती है समर्पण

जो व्यक्ति खुद को पूरी तरह से एक विचार के प्रति समर्पित कर देता है, वह उसे अवश्य प्राप्त करता है। यदि उसमें योग्यता है, तो उसकी सफलता सुनिश्चित होती है।

महाकवि गेटे के शब्दों में :**"तुम्हें पूरी तरह वहीं' होना चाहिए। तुम्हें 'उसके' लिए सोचना है, 'उसके' लिए योजना बनानी है, 'उसके' लिए काम करना है, 'उसके' लिए जीना है, 'उसमें' अपना मन, शक्ति, ऊर्जा, हृदय तथा आत्मा - सब कुछ लगा देना है, तब सफलता स्वयं आकर तुम्हारे गले में जयमाला डालेगी।"**

आज वही व्यक्ति सफल होते हैं, जिनके जीवन में कभी कोई महत्वपूर्ण विचार रहा है। इस विचार के प्रति वे समर्पित रहे, इसके लिए उन्होंने दिन-रात कड़ी मेहनत की। हजारों परेशानियों और असफलताओं के बावजूद वे विचलित नहीं हुए, बल्कि उसे साकार करने में लगातार जुटे रहे।

जब तक इस प्रकार की समर्पण की भावना मन में नहीं होगी, तब तक आप पूर्ण सफलता नहीं पा सकते। आपको उन रास्तों को चुनना होगा, उन विचारों को अपने मन-मस्तिष्क में स्थान देना होगा, जो आपको आपके लक्ष्य की ओर ले जाते हैं।

यदि हम अपने विचार को अपना सर्वस्व मानकर लगातार उसे व्यक्त करते रहें, उसी के बारे में सोचें, उसी की चर्चा करें, और सूझ-बूझ के साथ उसे साकार करने का प्रयास करें - तो हम उसे जल्द ही प्राप्त कर लेंगे।

असल में, इसका रहस्य यह है कि विचारों को बार-बार व्यक्त करने से हमें उन पर लगातार सोचने का अवसर मिलता है। इससे हमारे सामने एक स्पष्ट चित्र उभरता है और हम अपनी सारी ऊर्जा उस दिशा में लगा देते हैं। फिर एक दिन हम उस उद्देश्य को पा ही लेते हैं, उस स्वप्न को साकार कर लेते हैं, जो हमें सोने नहीं देता।

इसलिए बार-बार अपने लक्ष्य का ध्यान कीजिए। जब यह आपका स्वभाव बन जाएगा, तो आप और शीघ्र ही सफलता प्राप्त कर लेंगे।

लक्ष्य निर्धारण और उसकी प्राप्ति के लिए सूझबूझ के साथ किया गया प्रयास ही सफलता की सर्वोच्च कुंजी है। लेकिन इसका उपयोग वही कर सकता है, जिसकी दृष्टि और कर्म में सिर्फ और सिर्फ उसका लक्ष्य बसा हो।

"वे जीत ही जाएंगे, जिन्हें यह विश्वास होगा कि वे जीतेंगे।"

याद रखें :

☞ यदि आपका आदर्श श्रेष्ठ है, तो जीवन भी श्रेष्ठ होगा।

☞ यदि आपका आदर्श सुंदर है, तो जीवन भी सुंदर होगा।

☞ हमारी आंतरिक भावना हमारे जीवन में प्रत्यक्ष रूप से प्रकट होती है। जो भाव हमारे मन में रहता है, वही हमारे जीवन में भी प्रकट होता है।

अतः हमारा कर्तव्य है कि हम निरंतर अपने विचारों में श्रेष्ठता और उदारता लाएं। तभी हम निरंतर उन्नति की ओर बढ़ सकते हैं।

दृढ़ निश्चय करें और संकल्प लें :

✓ मैं अपने मन को सदा आशा और विश्वास से भरा रखूंगा।

✓ मैं अपने सभी कार्यों को हमेशा सकारात्मक सोच, उत्साह और पूरी निष्ठा के साथ पूरा करूंगा।

✓ मेरे हर काम पर उत्तमता और श्रेष्ठता की गहरी छाप होगी।

वाल्मीकि जी ने रामायण में कहा है :**"कर्म करके अपना परिचय दो, न कि मुख से बड़ाई करके। जिसमें पौरुष है, वही वस्तुतः वीर कहलाता है।"**

मेरा भी आपसे यही कहना है कि किसी एक उन्नत विचार को लगातार पोषण दें। उसे साकार करने के लिए सूझ-बूझ से कार्ययोजना बनाएं और उसे अमल में लाने के लिए पूरी तरह से समर्पित हो जाएं।

याद रखें - आपकी सफलता आपके कर्मों की कसौटी पर तय होगी, न कि किसी अन्य मापदंड से।

सफलता किसी भी व्यक्ति को बिना कीमत चुकाए नहीं मिलती, इसकी कीमत चुकानी ही पड़ती है। अगर आपको सफलता चाहिए, तो अभी से आपको उसकी कीमत चुकानी ही पड़ेगी, परिश्रम करना ही पड़ेगा। यदि आप ऐसा नहीं करते, तो मत कीजिए, आपकी मर्जी अभी आप ऐश करें, मजे लें, जिसकी कीमत आपको बाद में चुकानी पड़ेगी। फैसला आपका है कि आप क्या चाहते हैं।

-सूर्या सिन्हा

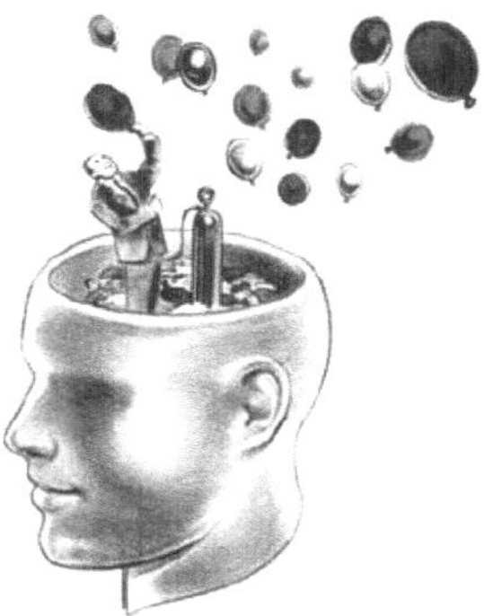

अध्याय - 21

समर्पण की शुरुआत करें

समर्पण की शुरुआत तब होती है, जब हम अपने उद्देश्य और लक्ष्य को गहराई से समझकर उस पर पूरी तरह से केंद्रित हो जाते हैं। समर्पण कोई जादुई प्रक्रिया नहीं है, बल्कि यह एक मानसिक और भावनात्मक यात्रा है, जहां हम अपने विचारों, कार्यों और भावनाओं को एक विशेष दिशा में पूरी निष्ठा से लगाते हैं। समर्पण की शुरुआत के लिए निम्नलिखित कदम आपके लिए सहायक हो सकते हैं:

स्पष्ट लक्ष्य निर्धारण करें : समर्पण की पहली और सबसे महत्वपूर्ण शर्त यह है कि आपका लक्ष्य स्पष्ट हो। आप क्या पाना चाहते हैं? जब तक आपका उद्देश्य धुंधला होगा, आप उसमें पूरी तरह समर्पित नहीं हो सकते। इसलिए सबसे पहले अपने जीवन के लक्ष्य को पहचानें और उसे स्पष्ट रूप से परिभाषित करें।

- अपने लक्ष्य को लिखें।
- उसकी प्राप्ति के लिए एक समयसीमा तय करें।
- उसे छोटे-छोटे हिस्सों में बांटकर प्राथमिकताएं तय करें।

दृढ़ संकल्प और मानसिक तैयारी करें : जब आप अपना लक्ष्य पहचान लेते हैं, तो उस पर दृढ़ संकल्प करें। इसका मतलब यह है कि आपको अपने मन में इस विश्वास को पक्का

करना होगा कि चाहे कोई भी बाधा क्यों न आए, आप उस लक्ष्य को प्राप्त करके रहेंगे।

- नकारात्मक विचारों से दूर रहें।
- सफलता की कल्पना करें और उसे अपने मन में दृढ़ करें।
- कठिनाइयों का सामना करने के लिए मानसिक रूप से तैयार रहें।

सकारात्मक सोच अपनाएं : समर्पण की शुरुआत में सकारात्मक सोच का होना बहुत जरूरी है। यदि आप यह मानकर चलेंगे कि आप असफल हो सकते हैं, तो आपका मन कभी भी पूरी तरह समर्पित नहीं होगा। अपने विचारों को सकारात्मक बनाए रखें, हर समस्या को समाधान के रूप में देखें।

✓ नकारात्मकता से दूर रहें और खुद को प्रोत्साहित करें।

✓ मुश्किल समय में खुद को यह याद दिलाएं कि असफलता भी एक सीख है।

✓ "मैं कर सकता हूं" का मंत्र हमेशा अपने मन में दोहराएं।

अपने काम से प्रेम करें : जिस काम के प्रति आप समर्पित होना चाहते हैं, उसे अपना पसंदीदा बनाएं। अगर आप किसी कार्य को मन से करते हैं, तो समर्पण अपने आप आता है। इसलिए अपने काम में आनंद ढूंढें, उसे एक बोझ न समझें।

- अपने कार्य में मौलिकता और रचनात्मकता लाएं।
- छोटी सफलताओं का जश्न मनाएं।
- हर दिन कुछ नया सीखने का प्रयास करें।

त्याग की भावना विकसित करें : समर्पण का मतलब है कि आपको कुछ त्याग करना पड़ेगा। समय, आराम, और कभी-कभी व्यक्तिगत इच्छाओं को त्यागना पड़ सकता है। सफलता पाने के लिए यह त्याग जरूरी है।

☞ अपनी प्राथमिकताएं तय करें और उन चीजों को पहचानें जो आपके लक्ष्य के आड़े आती हैं।

☞ अनावश्यक गतिविधियों को छोड़ दें और समय का सदुपयोग करें।

☞ निरंतर आत्म-अनुशासन का पालन करें।

निरंतर अभ्यास करें : समर्पण एक दिन में नहीं आता, इसके लिए निरंतर अभ्यास और प्रयास की जरूरत होती है। अपने काम में रोजाना मेहनत करें, चाहे परिणाम तुरंत न दिखें।

समर्पण का मतलब है कि आप अपने लक्ष्य के प्रति तब भी लगे रहें, जब आपको लगे कि प्रगति नहीं हो रही।

- रोजाना अपने लक्ष्य पर काम करें।
- निरंतर सुधार की कोशिश करें।
- धैर्य रखें और प्रयास जारी रखें।

आत्मविश्लेषण करें : अपने कार्यों और विचारों का आत्मविश्लेषण करते रहें। समय-समय पर यह जांचें कि क्या आप सही दिशा में जा रहे हैं या नहीं। आत्मविश्लेषण से आपको अपने काम में और भी निखार लाने का अवसर मिलेगा।

- हर सप्ताह या महीने के अंत में अपनी प्रगति की समीक्षा करें।
- यदि कहीं कमी हो रही है, तो उसे सुधारें।
- अपने अनुभवों से सीखें और उसे अपनी कार्ययोजना में शामिल करें।

समर्पण का निरंतर भाव बनाए रखें : समर्पण की शुरुआत कठिन हो सकती है, लेकिन इसे बनाए रखना उससे भी कठिन है। नियमित रूप से अपने लक्ष्य की याद दिलाते रहें और खुद को प्रेरित रखें। जब कभी भी निराशा या थकान महसूस हो, तो अपने उद्देश्य को पुनः याद करें और फिर से उसी ऊर्जा से जुट जाएं।

☞ प्रेरक पुस्तकों का अध्ययन करें।

☞ अपने आदर्शों और प्रेरणादायक व्यक्तियों की कहानियों को सुनें।

☞ खुद को नियमित रूप से आत्मप्रेरित करें।

समर्पण की शुरुआत एक दृढ़ संकल्प और एक स्पष्ट लक्ष्य से होती है - यदि आप अपने काम और लक्ष्य के प्रति समर्पित हैं, तो सफलता निश्चित रूप से आपकी होगी। समर्पण का मतलब केवल कड़ी मेहनत करना नहीं है, बल्कि उस काम में अपनी पूरी शक्ति, समय, और ऊर्जा लगाना है। जब आप समर्पण के साथ अपने उद्देश्य की ओर बढ़ते हैं, तो सफलता आपकी राह देख रही होती है।

“समर्पण वही कर सकता है, जिसकी दृष्टि और कर्म में केवल और केवल उसका लक्ष्य बसा हो।” - सूर्या सिन्हा

आपकी सोच ही आपके व्यक्तित्व और जीवन को बनाती है। अगर आप सकारात्मक सोचते हैं, तो आपके काम और जीवन भी बेहतर होंगे। लेकिन अगर आपकी सोच नकारात्मक है, तो इसका असर आपके जीवन पर भी पड़ेगा। आप जैसे विचार रखते हैं, वैसे ही आपके कार्य और सफलता बनते हैं। आपकी सोच आपको आकार देती है।

- सूर्या सिन्हा

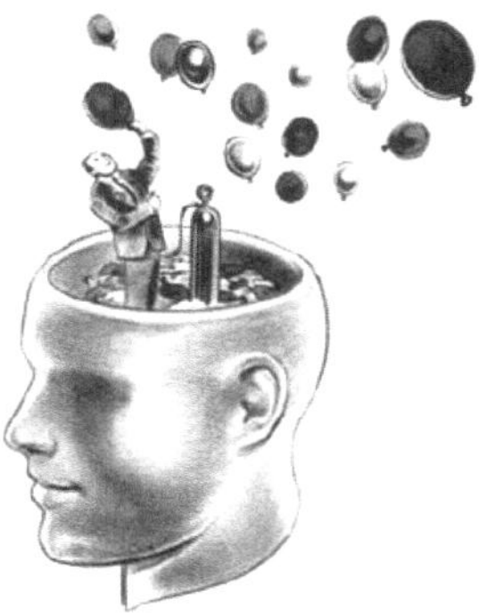

अध्याय - 22

आत्मशक्ति को बढ़ाएं

कुछ लोग जीवनभर इस नकारात्मक विचार के साथ जीते हैं कि वे शक्तिहीन हैं या उनकी शक्तियों की कोई सीमा है। जिनके मन में यह धारणा बैठ गई है, वे अक्सर दुखी रहते हैं। यही विचार उनकी लक्ष्य प्राप्त करने की क्षमता को कमजोर करता है। इसी नकारात्मक सोच के कारण उनकी योग्यता का ह्रास होता है, और उन्हें असफलताओं का सामना करना पड़ता है। जीवन अभावों में कटती है और चारों ओर उनकी आलोचना होती है। ऐसे लोग अनजाने में बदकिस्मती को खुद ही निमंत्रण देते हैं। स्वयं को शक्तिहीन समझने की भावना, मन की एक गंभीर बीमारी है, जिसके परिणाम सदैव हानिकारक होते हैं।

जब-जब आत्मबल कमजोर होता है, तब-तब व्यक्ति जीवन की दौड़ में पिछड़ने लगता है और अगर आत्मबल का ह्रास लगातार होता रहे, तो वह व्यक्ति गुमनामियों के गर्त में खो जाता है।

स्वामी विवेकानंद जी ने कहा है : **"वस्तुतः आत्महत्या वह नहीं है जो खुदकुशी कर लेता है, अपितु वह है जिसने अपने आप को नहीं पहचाना। क्योंकि स्वयं को न पहचानना, स्वरूप-दृष्टि से अपने आप को मार लेना है।"** तो क्या आप भी ऐसा कर रहे हैं?

मुझे विश्वास है कि आपका उत्तर होगा 'नहीं'। इसलिए, अब मैं आपको आगे की बातें बताता हूं।

हमेशा ऊंचे और सकारात्मक विचारों को अपने मन में स्थान दें। हमेशा ऐसा सोचें कि आप एक सफल और उल्लेखनीय हस्ती बनने के लिए पैदा हुए हैं। लेकिन सवाल यह है कि आप अपनी छिपी असीम शक्तियों को कैसे जानें और अपनी आत्म-शक्ति का विस्तार कैसे करें?

इसके लिए आपको आत्मविश्लेषण का समय निकालना होगा। यदि आप चाहते हैं कि यह प्रक्रिया सरल और सुलझे तरीके से हो, तो मेरी लिखी पुस्तक 'स्वयं को जानें' आपकी बहुत मदद कर सकती है। इस पुस्तक को पढ़कर आप न केवल खुद को जानने की तकनीक सीखेंगे, बल्कि एक सफल और सक्षम व्यक्ति बनने की दिशा में भी अग्रसर होंगे। फिर भी, यहां मैं कुछ विशेष सूत्र आपके साथ साझा करता हूं, जो आपके इस कार्य को और भी आसान बना देंगे:

आत्मशक्ति बढ़ाने के कुछ सरल सूत्र :

- **अपनी कमियों की पहचान करें :** अपनी कमजोरियों को जानने के लिए स्वयं से और अपने खास मित्रों व परिचितों से पूछताछ करें। उन कमियों की सूची बनाएं, ताकि आप उन पर काम कर सकें।
- **कमियों को समाप्त करने की योजना बनाएं :** अपनी शक्तियों और क्षमताओं के बल पर उन कमियों को दूर करने के लिए ठोस कार्य योजनाएं तैयार करें।
- **ईमानदारी से आत्मविश्लेषण करें :** आत्मविश्लेषण का यह प्रयास ईमानदारी और निष्पक्षता से भरा होना चाहिए। खुद के प्रति कठोर बनें और यथार्थवादी दृष्टिकोण अपनाएं।
- **परिणामों की समीक्षा करवाएं :** आत्मविश्लेषण के परिणामों को विशेष समझ रखने वाले अपने खास मित्रों और शुभचिंतकों से साझा करें और उनसे इसे जांचने की सलाह लें।

सफलता और खुशी पाने के लिए आपको वैसा ही माहौल तैयार करना होगा।

उन्नतिशील विचारों का ताना-बाना बड़ी सूझबूझ से बुनना होगा। बड़े सपने देखने होंगे और उन्हें साकार करने के लिए कमर कसनी होगी।

लेकिन इस सबके बावजूद, इस बात का ध्यान रखें कि केवल दूसरों की निंदा सुनकर स्वयं को दोषी न समझें। खुद को जानें, फिर अपना निर्णय लें। लोग कुछ भी कहने के लिए स्वतंत्र हैं, लेकिन आप अपनी सच्चाई को जानें और उसी के आधार पर अपने जीवन की दिशा तय करें।

याद रखें :

"केवल दूसरों के द्वारा अपनी निंदा सुनकर स्वयं को निंदित न समझें। स्वयं को जानें, फिर निर्णय लें।"

अगर आप किसी समस्या का हल नहीं ढूंढ पा रहे हैं, तो अपना सोचने का तरीका बदलें। जब आप नये और अलग नजरिए से सोचते हैं, तो आपको समस्या का समाधान मिल जाता है। सोच बदलने से आप चीजों को बेहतर ढंग से समझ पाते हैं और मुश्किलें आसान हो जाती हैं।

- सूर्या सिन्हा

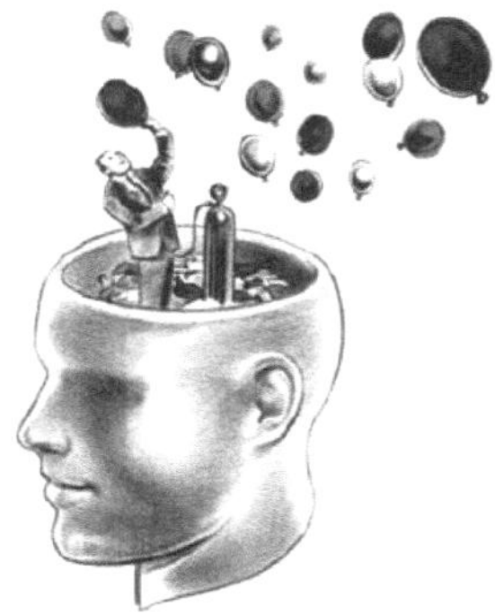

अध्याय - 23

आत्मशक्ति विकसित करें

आत्मशक्ति मनुष्य की सबसे बड़ी शक्ति है, जो उसे जीवन में हर मुश्किल से पार पाने और सफलता हासिल करने में मदद करती है। आत्मशक्ति को विकसित करना एक निरंतर प्रक्रिया है, जिसके लिए आपको अपने विचारों, भावनाओं, और क्रियाओं पर नियंत्रण रखना जरूरी होता है। आत्मशक्ति का विकास करने के लिए निम्नलिखित कदम मददगार हो सकते हैं :

स्वयं को पहचानें और स्वीकारें : आत्मशक्ति विकसित करने की पहली शर्त है, स्वयं को पहचानना और स्वीकार करना। अपनी कमजोरियों, शक्तियों, गुणों और दोषों को समझें। जब आप खुद को ईमानदारी से देखेंगे, तो आप अपने अंदर सुधार करने की दिशा में कदम उठा सकेंगे।

☞ अपनी कमियों को पहचानें और स्वीकारें।

☞ अपनी उपलब्धियों और गुणों की सराहना करें।

☞ स्वयं के प्रति ईमानदार और निष्पक्ष रहें।

नकारात्मकता को दूर करें : नकारात्मक विचार आत्मशक्ति को कमजोर करते हैं। आत्मशक्ति के विकास के लिए सबसे पहले नकारात्मक विचारों और भावनाओं से

छुटकारा पाना जरूरी है। इसके लिए :

- ☞ खुद से नकारात्मक बातों को न कहें।
- ☞ निराशा और भय के स्थान पर आशा और साहस को अपनाएं।
- ☞ सकारात्मक लोगों और माहौल में रहें।

स्वयं पर विश्वास रखें : आत्मशक्ति को बढ़ाने के लिए खुद पर विश्वास करना बहुत जरूरी है। खुद पर विश्वास रखने से ही आप किसी भी चुनौती का सामना कर सकते हैं। यह विश्वास आपको जीवन के हर क्षेत्र में आगे बढ़ने में मदद करेगा।

- ☞ अपने फैसलों पर विश्वास रखें।
- ☞ जीवन की कठिनाइयों का सामना आत्मविश्वास से करें।
- ☞ बार-बार खुद से यह कहें कि "मैं कर सकता हूँ।"

लक्ष्य निर्धारित करें : आत्मशक्ति को मजबूत करने के लिए आपको अपने जीवन में स्पष्ट लक्ष्यों की आवश्यकता होती है। छोटे-छोटे लक्ष्यों को निर्धारित करें और उन्हें पूरा करने का प्रयास करें। यह प्रक्रिया आपकी आत्मशक्ति को बढ़ाने में मदद करेगी।

- ☞ छोटे और यथार्थवादी लक्ष्य निर्धारित करें।
- ☞ अपने लक्ष्यों की दिशा में हर दिन थोड़ा-थोड़ा काम करें।
- ☞ लक्ष्य प्राप्ति के रास्ते में आई असफलताओं से सीखें, हार न मानें।

आत्मनियंत्रण का अभ्यास करें : आत्मशक्ति का एक महत्वपूर्ण हिस्सा आत्मनियंत्रण है। यदि आप अपने विचारों, भावनाओं, और कार्यों को नियंत्रित कर सकते हैं, तो आप अपनी आत्मशक्ति को तेजी से विकसित कर सकते हैं।

- ☞ अपनी भावनाओं पर नियंत्रण रखें, खासकर क्रोध और डर जैसी भावनाओं पर।
- ☞ अनुशासन का पालन करें और आलस्य से दूर रहें।
- ☞ इच्छाओं और लालसाओं को नियंत्रित करें।

ध्यान और आत्मचिंतन करें : ध्यान और आत्मचिंतन आत्मशक्ति के विकास के लिए अत्यंत प्रभावी उपकरण हैं। ध्यान से मन शांत होता है, जिससे विचार स्पष्ट होते हैं

और आत्मशक्ति बढ़ती है।

- ☞ रोजाना ध्यान करें, चाहे 10-15 मिनट ही क्यों न हो।
- ☞ ध्यान के माध्यम से अपने मन को स्थिर करें और अपने विचारों को नियंत्रित करें।
- ☞ आत्मचिंतन करें कि आप कहां हैं और कहां जाना चाहते हैं।

धैर्य और दृढ़ता का विकास करें : आत्मशक्ति बढ़ाने के लिए धैर्य और दृढ़ता बहुत जरूरी हैं। जीवन में कभी-कभी चीजें तुरंत नहीं मिलतीं, लेकिन धैर्य और समर्पण से आप अपनी इच्छाओं को प्राप्त कर सकते हैं।

- ☞ कठिनाइयों का सामना करते हुए धैर्य रखें।
- ☞ अपनी योजना पर दृढ़ रहें, चाहे परिणाम आने में समय लगे।
- ☞ असफलताओं से हार न मानें, बल्कि उन्हें सीखने का अवसर बनाएं।

शारीरिक स्वास्थ्य पर ध्यान दें : स्वस्थ शरीर में ही आत्मशक्ति का विकास होता है। आपके शारीरिक स्वास्थ्य का सीधा संबंध आपके मानसिक और आत्मिक स्वास्थ्य से होता है। इसलिए, अपने शरीर की देखभाल करें और उसे ताकतवर बनाएं।

- ☞ नियमित व्यायाम करें।
- ☞ पौष्टिक आहार लें और अनहेल्दी चीजों से बचें।
- ☞ पर्याप्त नींद लें और तनाव से दूर रहें।

अच्छे संगति का चुनाव करें : आपके आस-पास के लोग आपके विचारों और आत्मशक्ति पर प्रभाव डालते हैं। इसलिए, सकारात्मक, ऊर्जावान और प्रेरक लोगों की संगति में रहें। इससे आपकी आत्मशक्ति को नई दिशा और ऊर्जा मिलेगी।

- ☞ ऐसे लोगों के साथ रहें जो आपको प्रेरित करते हों।
- ☞ नकारात्मक और आलोचनात्मक लोगों से दूरी बनाए रखें।
- ☞ अपनी सफलता की यात्रा में साथ देने वाले मित्रों का सहयोग लें।

अभ्यास और धैर्य बनाए रखें : आत्मशक्ति एक दिन में विकसित नहीं होती, इसके लिए निरंतर अभ्यास और धैर्य की जरूरत होती है। आत्मशक्ति बढ़ाने का कोई शॉर्टकट

नहीं है, यह एक दीर्घकालिक प्रक्रिया है।

☞ लगातार प्रयास करते रहें।

☞ किसी भी कार्य में धैर्य और समर्पण बनाए रखें।

☞ अपने विकास का समय-समय पर मूल्यांकन करें।

आत्मशक्ति का विकास आत्मविश्वास, धैर्य, अनुशासन और सकारात्मक सोच के मिश्रण से होता है। आत्मशक्ति को विकसित करने के लिए आपको खुद को जानना, अपनी कमजोरियों को पहचानना, और उन्हें सुधारने का संकल्प लेना होगा। आत्मनियंत्रण, ध्यान, और अनुशासन आत्मशक्ति को बढ़ाने के प्रभावी तरीके हैं।

"आत्मशक्ति का विकास एक निरंतर प्रक्रिया है, जो आपको अपनी अद्भुत संभावनाओं तक पहुंचने का मार्ग दिखाती है।"

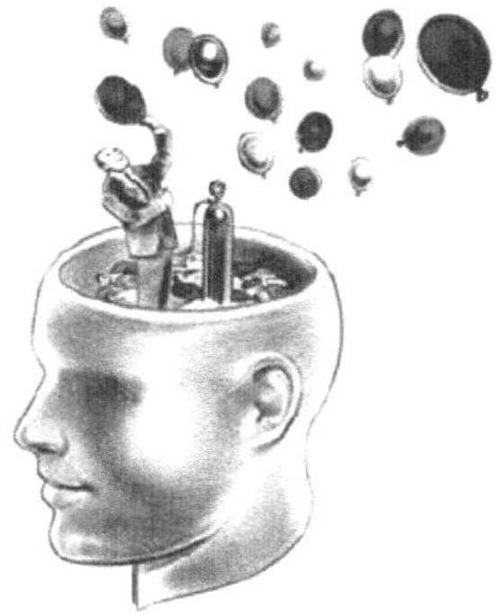

अध्याय - 24

नकारात्मक विचारों से छुटकारा पाएं

एक पुरानी कहावत है: कोई भी व्यक्ति दो नावों पर पांव रखकर आगे नहीं बढ़ सकता। उसी प्रकार, कोई व्यक्ति एक ही समय में दो रास्तों पर नहीं चल सकता। किसी भी लक्ष्य तक पहुंचने के लिए आपको एक ही रास्ता चुनना होगा। यह आपकी सूझबूझ पर निर्भर करता है कि आप लंबा, उबाऊ और थका देने वाला रास्ता चुनते हैं या छोटा, रुचिपूर्ण और सुविधाजनक। इसी प्रकार, यदि आपके मन में संदेह है, तो वहां विश्वास नहीं हो सकता। ऐसा संभव नहीं कि किसी स्थिति, कार्य या लक्ष्य को लेकर आपके मन में संदेह भी हो और यह विश्वास भी कि आप उसे हासिल कर लेंगे।

जब तक आप अपने मस्तिष्क से "नहीं कर सकता", "नहीं हो सकता" या "असंभव है" जैसे नकारात्मक विचार नहीं निकालते, तब तक आप उन्नति नहीं कर सकते, शक्तिशाली नहीं बन सकते। जब तक आपके मन में यह विचार जमा रहेगा कि मैं दुर्बल हूं, अयोग्य हूं, तब तक आप दुर्बल और अयोग्य ही बने रहेंगे। संसार की कोई शक्ति आपके हालात नहीं बदल सकती, जब तक आप स्वयं अपने विचारों में बदलाव न लाएं।

अधिकतर लोगों के जीवन में उन्नति न होने का मुख्य कारण निराशा का भाव होता है। वे जीवन को एक स्थायी संकट मानते हैं और जीवन भर असंतुष्ट रहते हैं। हर काम में संदेह करना उनकी आदत बन जाती है। अगर आप उन्हें किसी अच्छे कार्य के लिए प्रेरित

करेंगे, तो वे उसमें भी संदेह करेंगे कि आप स्वार्थी हैं या उन्हें गलत दिशा में ले जा रहे हैं। यही कारण है कि ऐसे लोग जीवन में कभी प्रसन्न नहीं रह पाते। अपने नकारात्मक विचारों से वे दूसरों को भी प्रभावित करते हैं, विशेषकर अपने परिजनों और मित्रों को।

जिन लोगों के जीवन में निरंतर दुख, निराशा और संकट बना रहता है, उन्हें कभी संतुष्टि नहीं मिलती। वे अपने जीवन में कभी कोई उल्लेखनीय कार्य नहीं कर पाते और असफलता उनका भाग्य बन जाती है। ऐसे लोग अक्सर अपनी असफलताओं, दुखों और गलतियों को अपने जीवन का हिस्सा मान लेते हैं और दूसरों को भी उनकी कहानियां सुनाकर सहानुभूति बटोरने की कोशिश करते हैं।

स्वामी विवेकानंद के यह शब्द याद रखने योग्य हैं: **"पीड़ाएं और चिंताएं तुम्हें इसलिए सता रही हैं क्योंकि तुम उनसे भाग रहे हो। जैसे ही तुम उनका सामना करने के लिए तैयार हो जाते हो, हर तरह का भय, दुख, निराशा और संकट स्वयं भाग खड़े होते हैं।"**

क्या आप अपने जीवन में यह चमत्कार देखना चाहते हैं? अगर हां, तो तैयार हो जाइए। भाग्य का सूर्य आपके सिर पर चमकने के लिए तैयार है। आपको बस अपनी आंखें खोलनी हैं और सकारात्मक विचारों को अपनाना है।

सारांश :

नकारात्मक विचारों से छुटकारा पाने के लिए, सबसे पहले यह समझना जरूरी है कि दो विपरीत विचारों पर एक साथ चलना असंभव है। यदि आपके मन में संदेह है, तो आप सफलता में विश्वास नहीं कर सकते। "नहीं कर सकता" या "असंभव है" जैसे विचार आपकी प्रगति रोकते हैं। इसलिए, अपने मन से नकारात्मकता को निकालें और विश्वास को जगह दें। सकारात्मक सोच के साथ ही आप जीवन में उन्नति कर सकते हैं और अपने लक्ष्य तक पहुँच सकते हैं।

"आपका एक सकारात्मक विचार आपके लिए हजारों संभावनाओं के द्वार खोल सकता है"

- सूर्या सिन्हा

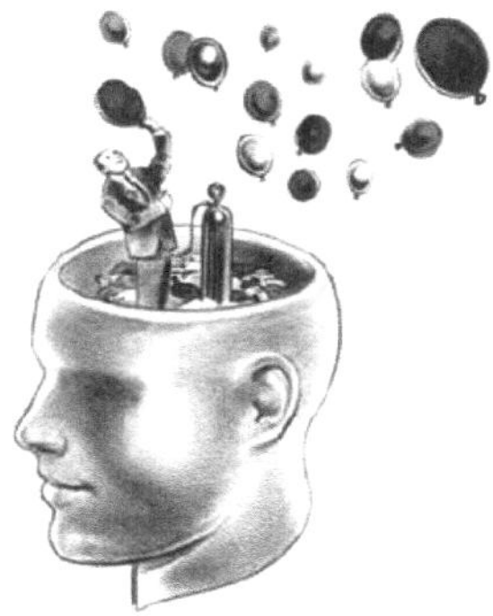

अध्याय - 25

हमेशा सीखते रहें

मैंने देखा है कि कुछ लोग जब अपने किसी कार्य में असफल हो जाते हैं, तो वे उसी को अपना भाग्य मान लेते हैं। जिस गलत रास्ते पर वे पहले चले थे और असफल हुए थे, उसी पर बार-बार बिना तैयारी किए, बिना स्वयं में कोई बदलाव लाए, चलते रहते हैं और लगातार असफल होते रहते हैं। वे अपनी कमियों और गलतियों को जानने का प्रयास नहीं करते और न ही कुछ नया सीखने की इच्छा रखते हैं।

इंसान स्वभाव से गलतियों का पुतला है। हमसे अनगिनत बार गलतियां होती हैं। कभी हम अपना लक्ष्य चुनने में गलती करते हैं और असफल हो जाते हैं, तो कभी कोई और भूल कर बैठते हैं। लेकिन जैसे ही हमें अपनी गलती का एहसास हो, हमें तुरंत वह रास्ता छोड़ देना चाहिए। अगली गलती से बचने का सबसे अच्छा उपाय यही है।

जो लोग सही तरीके से आत्मविश्लेषण नहीं करते और गलत राह चुन लेते हैं या किसी बेकार काम में समय व्यर्थ कर रहे हैं, उन्हें जब आप वह रास्ता छोड़ने की सलाह देते हैं, तो वे पूछते हैं,"फिर क्या करें?"उत्तर होता है, **"कोई दूसरा काम करो।"** उनका जवाब होता है, **"लेकिन दूसरा कोई काम आता ही नहीं।"** सलाह दी जाती है, वे इस सलाह को यह कहकर खारिज कर देते हैं,**"अब कुछ नया सीखने का समय कहां है?"**

या फिर, **"अब सीखने की उम्र कहां रही?"**

ध्यान दें—मैंने पहले ही स्पष्ट किया है कि सीखने की कोई उम्र नहीं होती। बस इंसान में सीखने की लगन होनी चाहिए।

एक जापानी ने 80 वर्ष की उम्र में जर्मन भाषा सीखी और फिर कई जर्मन पुस्तकों का जापानी में अनुवाद किया ताकि उसके देश के युवाओं को नया ज्ञान मिल सके। उसकी अपने देश के युवाओं को कुछ सिखाने और सार्थक योगदान देने की लगन ने उसे उस उम्र में भी समाज के हित में खड़ा कर दिया, जब अधिकांश लोग अपनी अंतिम यात्रा की तैयारी में गुमनामी की चादर ओढ़ लेते हैं।

इस उदाहरण में एक और महत्वपूर्ण बात छिपी है—अगर आपका उद्देश्य सही और उच्च है, तो आप असंभव को भी संभव कर सकते हैं।

जहां तक समय की बात है, लोगों के पास समय की कोई कमी नहीं होती। वे अपना समय दूसरों को अपनी असफलताओं की कहानियां सुनाने में बर्बाद कर सकते हैं, अपनी बदकिस्मती का रोना रो सकते हैं, लेकिन उसी समय को कुछ नया सीखने और करने में नहीं लगाते। हमारे देश के अधिकांश लोग इस मानसिकता से ग्रस्त हैं। यह आलस्य उनके जीवन को घुन की तरह खा रहा है, लेकिन वे चेतते नहीं।

अगर आप सच में जीवन का आनंद लेना चाहते हैं, तो उठिए, जागिए, कुछ नया कीजिए, कुछ नया सीखिए, नया सोचिए। यही है सुख और आनंद का मूलमंत्र।

जो निम्न कोटि के विचारों में डूबा है, वह नर्क का अनुभव यहीं कर रहा है। लेकिन जो उच्च और आनंददायक विचारों में मग्न है, वह स्वर्ग का सुख इसी क्षण अनुभव कर रहा है।

"किसी एक विचार के प्रति पूर्ण समर्पण ही उसकी पूर्ण सफलता को सुनिश्चित कर देता है।"

- सूर्या सिन्हा

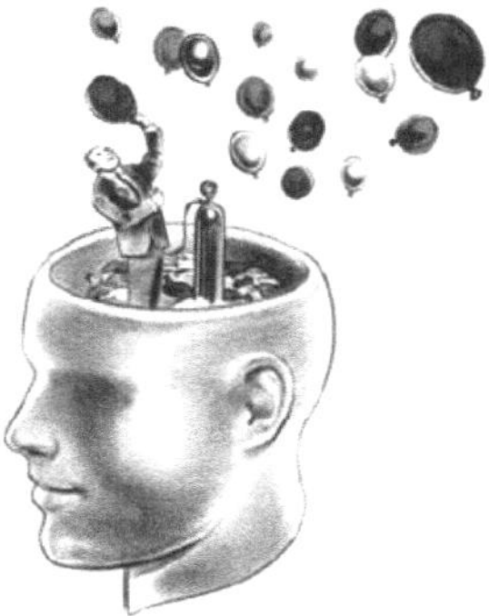

अध्याय - 26

अहम छोड़ें और आगे बढ़ें

लोगों के कुछ नया सीखने में जो सबसे बड़ी बाधा होती है, वह उनका अहंकार होता है। अहंकार उन्हें झुकने नहीं देता, और बिना विनम्र हुए, आप कुछ भी नया नहीं सीख सकते।

इसलिए, दोस्तों, यह कभी न भूलें कि विनम्रता ही वह गुण है जो व्यक्ति को ग्रहणशील बनाता है और जीवन के मूल्यवान सबक सिखने योग्य बनाता है। लेकिन कुछ लोग अपने अहंकार के कारण कुछ नया सीखने से वंचित रह जाते हैं। उन्हें हमेशा यह लगता है कि वे पहले से ही सबसे अधिक समझदार हैं और सब कुछ जानते हैं। उनका यही भ्रम उन्हें नया सीखने से रोक देता है। कभी-कभी वे यह सोचते हैं कि सिखाने वाला उनसे उम्र में छोटा है या उनकी 'औकात' से कम है, और इसी कारण वे सीखने से हिचकिचाते हैं।

उन्हें यह समझ नहीं आता कि सीखने से वे छोटे नहीं बल्कि अधिक अनुभवी, गुणी और महान बनेंगे। उनके भीतर विनम्रता और सीखने की ललक की कमी होती है, जिसके कारण वे 'कुएं के मेंढक' बने रहते हैं। ऐसे लोग अपने अहंकार में भले ही विजयी महसूस करें, लेकिन जीवन के असली मैदान में वे अक्सर हार जाते हैं।

कई विश्वविख्यात विचारकों का यह एक ही मत है : "यदि किसी साधारण

व्यक्ति के पास भी कोई विशेष हुनर हो, तो बुद्धिमान व्यक्ति को चाहिए कि वह उसे अपना गुरु माने और उस हुनर को सीखे।"

इसलिए, अपने मन में अहंकार के स्थान पर विनम्रता को जगह दीजिए। जब विनम्रता आपके अंदर आ जाएगी, तो स्वाभाविक रूप से कुछ नया सीखने की भावना भी जाग उठेगी।

जब आप कुछ नया सीखने की भावना विकसित करते हैं, तो आपकी सोच में सकारात्मक परिवर्तन आता है। आपके विचारों में क्रांति आ जाती है और आपका व्यक्तित्व निखरने लगता है। आत्मविश्वास बढ़ता है और आपका हौसला किसी विजेता जैसा हो जाता है।

याद रखें :

"जो विनम्र होता है, वही पाता है।"

जैसे किसी लचीली वस्तु को मोड़कर उसे कोई भी आकार दिया जा सकता है, वैसे ही लचीला स्वभाव आपको सफलता की राह में आगे बढ़ने में मदद करता है। वहीं, कठोर चीज़ें जब मोड़ी जाती हैं, तो वे टूट जाती हैं। इसलिए, बड़ी सफलता पाने के लिए आपको लचीला होना ही पड़ेगा।

एक विद्वान ने कहा है: "समझदार व्यक्ति ठोकर लगने पर सीखता है। बुद्धिमान बिना ठोकर खाए दूसरों के अनुभव से सीख लेता है। लेकिन मूर्ख ठोकर खाने के बाद भी नहीं सीखता।"

अब यह आप पर निर्भर है कि आप नया और अच्छा सीखना चाहते हैं या नहीं। आपका निर्णय आपके हाथ में है।

एक संत का यह मत इसे और स्पष्ट करता है:"आप स्वतंत्र हैं कुछ भी बनने के लिए। अपनी आंतरिक शक्तियों के बल पर आप चाहें तो अपने जीवन को दिव्य बना सकते हैं, और चाहें तो दयनीय। यह पूरी तरह से आपके अधिकार क्षेत्र में है।"

अहंकार को त्यागें और कुछ नया सीखने का संकल्प लें। अहंकार ने आपको पीछे रोक रखा है, लेकिन आप चाहें तो सरलता से इसे नकारकर आगे बढ़ सकते हैं।

इस संदर्भ में विश्वविख्यात विचारक ईमर्सन का यह उद्धरण सटीक बैठता है: *"जिन-*

जिन व्यक्तियों से मैं मिलता हूं, वे किसी न किसी रूप में मुझसे श्रेष्ठ होते हैं, और इस तरह मैं उनसे हमेशा कुछ न कुछ सीखता हूं।"

भूलकर भी मूर्खों और नकारात्मक सोच वाले लोगों से नहीं मिलना चाहिए। यदि आप समझदार हैं तो उनके बीच में आप स्वयं को बेवकूफ महसूस करेंगे, और यदि आप नासमझ हैं, तो और भी ज्यादा मूर्ख साबित होंगे।

- सूर्या सिन्हा

जब आप सकारात्मक सोचते हैं, तो आपके जीवन में खुशी, ऊर्जा और उम्मीद आती है। सकारात्मक सोच कठिनाइयों में भी आपको रास्ता दिखाती है और आपके मन को शांत और खुश रखती है। यह आपके जीवन को बेहतर बनाती है, जैसे रोशनी अंधेरे को खत्म करती है और हर तरफ उजाला फैलाती है।

- सूर्या सिन्हा

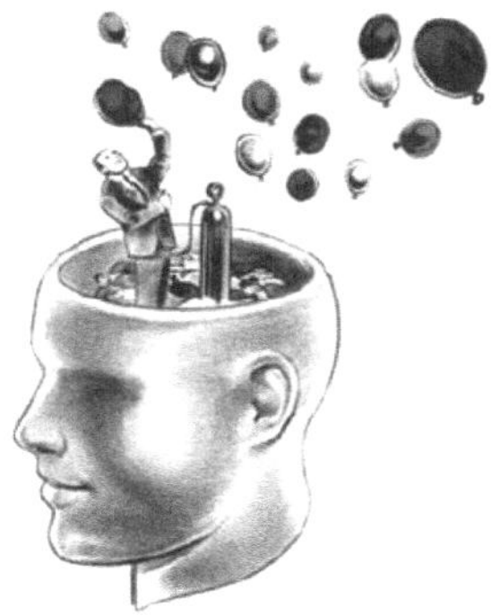

अध्याय - 27

आत्मविश्वास खोलता है कई द्वार

प्रसिद्ध धर्मग्रंथ बाइबल में लिखा है— "व्यक्ति के मन में जैसा विश्वास और श्रद्धा होगी, उसे वैसा ही फल मिलेगा। विश्वास और श्रद्धा ही व्यक्ति की सबसे बड़ी पूंजी हैं।"

दोस्तों, विश्वास, श्रद्धा और लगन ऐसी महान शक्तियाँ हैं जो किसी व्यक्ति को सफलता के शिखर पर पहुंचा सकती हैं। लेकिन ये शक्तियाँ तभी जागृत होती हैं, जब व्यक्ति के विचार सकारात्मक हों। सकारात्मक विचारों वाला व्यक्ति ही अपनी योग्यता पर विश्वास कर पाता है।

स्वयं की योग्यता पर विश्वास व्यक्ति की बाहरी और भीतरी सभी शक्तियों को जागृत कर देता है।

जरा सोचिए, विश्वास क्या नहीं कर सकता—यह हमें अथाह सागर पार करवा सकता है और गगनचुंबी पहाड़ों को लांघना भी सरल बना देता है। हाँ, यही है विश्वास की शक्ति!

2008 के ओलंपिक में अभिनव बिंद्रा की जीत वास्तव में उनकी योग्यता पर विश्वास की जीत थी। उनका शुरू से यही विचार था कि "मैं जीत सकता हूँ, और मुझे जीतना है।"

इस विश्वास ने ही बिंद्रा को विश्वविजेता और सबका चहेता बना दिया।

विश्वास में वह दृष्टि होती है जो सौभाग्य के छोटे से बिंदु को भी देख सकती है, जिसे हमारी सामान्य आँखें नहीं देख पातीं। यह वरदान हमारे भीतर होता है, लेकिन इसका ज्ञान हमें तभी होता है, जब हम स्वयं पर विश्वास करते हैं।

विश्वास हमारे शरीर के भीतर एक आध्यात्मिक गुरु की तरह काम करता है, जो हमें जीवन भर प्रेरणा और उत्साह तो प्रदान करता ही है, साथ ही साथ हमारा मार्गदर्शन भी करता रहता है।

विश्वास हमें हमेशा अपनी मौजूदगी का अहसास कराता रहता है। वह कहता है— "आगे बढ़ो, बढ़ते चलो।" यह हमें कभी हतोत्साहित नहीं करता।

इसलिए यदि आप सफलता चाहते हैं और जीवन में कुछ बनना चाहते हैं, तो अपने विश्वास को जागृत करें। अपने आप पर भरोसा रखें। मेरा दावा है कि सफलता आपके कदम चूमेगी।

किसी भी कार्य में सफलता के लिए मन में यह भावना होना अत्यंत आवश्यक है कि— "मैं यह काम कर सकता हूँ।" यह आत्मविश्वास हमें वह रास्ता दिखाता है, जिस पर चलकर हम अपनी मंजिल तक पहुंचते हैं। यह विश्वास ही वह शक्ति है जो हमें बड़े से बड़ा काम करने के लिए प्रेरित करती है।

कुछ लोग कहते हैं— "अगर मुझमें योग्यता होती, तो मैं इस काम को निश्चय ही कर डालता और सारे संसार को आश्चर्यचकित कर देता।"

यह धारणा बिल्कुल गलत है। योग्यता से पहले कार्य को करने की भावना और इच्छाशक्ति की आवश्यकता होती है। यदि आपमें कार्य करने की इच्छा ही नहीं होगी, तो योग्यता क्या करेगी?

मैंने ऐसे कई युवकों को देखा है जिनमें कार्य करने की इच्छा तो थी, लेकिन योग्यता नहीं थी। उन्होंने अपनी इच्छाशक्ति से गलतियों से सीखते हुए उस काम को करने की योग्यता भी प्राप्त की। वहीं दूसरी ओर, ऐसे युवक भी हैं जो योग्यता होते हुए भी काहिली में डूबे रहते हैं।

याद रखिए :

आपमें कुछ अच्छा कर गुजरने की भावना होनी चाहिए, साथ ही स्वयं पर पूर्ण विश्वास

होना चाहिए। ये दो बेशकीमती गुण किसी के भी सिर पर ताज सजाने के लिए पर्याप्त हैं।

गुण और योग्यता तो सबमें होती है, लेकिन विश्वास और कार्य करने की इच्छा सभी में नहीं होती। यदि आपके पास आत्मविश्वास और कार्य करने की इच्छाशक्ति है, तो आपको महत्वपूर्ण कार्य करने के अनेक अवसर मिलेंगे। लेकिन अगर आपमें यह विश्वास और इच्छाशक्ति नहीं है, तो आप कभी कोई अवसर नहीं पा सकेंगे, क्योंकि इन गुणों के अभाव में आपके पास अवसरों को पहचानने की दृष्टि ही नहीं होगी, और न ही अवसरों को लपकने की तत्परता होगी।

"विश्वास उन शक्तियों में से एक है जो मनुष्य को जीवित रखती है। विश्वास का अभाव जीवन का अंत है।"

यदि आपसे किसी ने कहा कि आप फलां काम नहीं कर पाएंगे, तब वैसे समय में यदि आपने ठान लिया कि आप उस काम को कर दिखाएंगे और आपने उसे कर दिखाया, तो उस कार्य को पूरा करने की जो खुशी आपको मिली, वह आपके जीवन की सबसे बड़ी खुशी होगी।

जिस दिन आप अपनी सोच को बदल लेते हैं, उसी दिन से आपके जीवन की दिशा भी बदलने लगती है। नई सोच से आपको नए रास्ते और अवसर दिखाई देने लगते हैं। सोच में बदलाव से जीवन में भी सकारात्मक बदलाव आते हैं, और आप सही दिशा में आगे बढ़ने लगते हैं।

- सूर्या सिन्हा

अध्याय - 28

सोचिए : मनुष्य जन्म क्यों ?

क्या आपने कभी खुद के बारे में गहराई से सोचा है? क्या कभी विचार किया है कि आपका जन्म किस उद्देश्य से हुआ है? आप कौन हैं, क्या कर रहे हैं? क्या आप वर्तमान जीवन से संतुष्ट हैं?

जीवन जीने की बात तो पशु भी कर लेते हैं, लेकिन सोचना चाहिए कि इंसान और पशु में क्या अंतर है? आप केवल अपना पेट भरने को ही जीवन का उद्देश्य क्यों मानते हैं? हम सभी जानते हैं कि एक दिन यह नश्वर शरीर समाप्त हो जाएगा, लेकिन आत्मा अमर है। इस अमर आत्मा को सम्मान देने के लिए हमें अपने जीवन में कुछ ऐसा करना चाहिए जो यादगार हो और यह तभी संभव है जब आप ऐसा कुछ करें जो न केवल आपके लिए बल्कि पूरी मानवता के लिए भी कल्याणकारी हो।

स्वामी विवेकानंद जी ने कहा है, **"उठो और काम में लग जाओ। यह जीवन कितने दिनों का है? जब तुम इस संसार में आए हो, तो कुछ निशान छोड़ जाओ, अन्यथा तुममें और पशुओं में क्या अंतर? वे भी जन्म लेते हैं, जीवन जीते हैं और मर जाते हैं।"**

गंभीरतापूर्वक सोचिए कि आपको क्या करना है, और आप किस दिशा में बढ़ रहे

हैं। अपने जीवन की राह खुद चुनिए। अगर आपको लगता है कि किसी विशेष रास्ते पर चलकर आप सफल हो सकते हैं, तो अपने विचारों को दृढ़ बनाइए। किसी से सलाह लेने की जरूरत नहीं है। अपनी आत्मा से पूछिए, वह आपको सही मार्गदर्शन करेगी। अपनी जिम्मेदारी को समझते हुए एक योजना बनाइए।

देने की भावना को अपनाएं : अपने बारे में सोचने से पहले दूसरों के बारे में सोचें—आप दूसरों को क्या दे सकते हैं? देने की भावना ही पाने का सबसे बड़ा स्रोत है। जब आपमें देने की भावना होती है, तो आपमें और पशु में अंतर आ जाता है। आप महान हो जाते हैं। पशु केवल अपना पेट भरता है, लेकिन मनुष्य को यह विशेषता प्राप्त है कि वह समाज को भी कुछ दे सकता है। जो मनुष्य दूसरों के हित की नहीं सोचता, वह अपने आप को पशु के समान ही बना लेता है।

स्मरण रहे :

"जो कुछ हम दूसरों को देते हैं, वास्तव में वह हमें ही लौटकर मिलता है।"

दूसरों को दुख देने से हमें भी दुख मिलता है, और दूसरों के सुख की कामना करने से हम स्वयं सुखी होते हैं। दूसरों की सफलता की कामना हमें भी सफलता की ओर अग्रसर करती है। इस प्रकार के सकारात्मक विचार हमें श्रेष्ठ से श्रेष्ठतर बना देते हैं।

विचारों को निरंतर तराशें : व्यक्ति को अपने मन में उत्पन्न सकारात्मक विचारों को निरंतर तराशते रहना चाहिए। तराशे हुए विचार शक्तिशाली होते हैं और वही विचार साकार रूप लेते हैं। हमारे विचार हमारे जीवन के व्यवहार को निर्धारित करते हैं। जीवन को बनाना या बिगाड़ना हमारे अपने हाथ में होता है और इसका आधार हमारे विचार ही होते हैं।

नकारात्मक विचार रखने वाला व्यक्ति कभी भी सुखी जीवन नहीं जी सकता। इसलिए, अपना लक्ष्य पाने के लिए सकारात्मक और उन्नतिशील विचार बनाइए और समझदारी से अपने कार्य करते रहिए। इस प्रकार आप निश्चित रूप से सफलता प्राप्त करेंगे।

अंत में: "जीवन का वटवृक्ष विचार शक्ति पर ही निर्भर करता है। मनुष्य जैसा सोचता है, वैसा ही बनता है। सभी कार्यों का मूल उसके विचार ही होते हैं।"

यदि मनुष्य अपने विचारों में परिवर्तन कर ले, तो उसकी पूरी दुनिया बदल सकती है।

" सोच बदलो, जीवन बदलो "

व्यावहारिक अभ्यास

खंड - 2

असली रुकावटें हमारे दिमाग और सोच में होती हैं। अगर हम अपनी सोच को बदलें और सकारात्मक नजरिए से चीजों को देखें, तो सभी समस्याओं के हल और नए रास्ते अपने आप नजर आने लगते हैं। जब आपकी सोच बदलती है, तो मुश्किलें भी आसान हो जाती हैं और आगे बढ़ने के रास्ते खुल जाते हैं।

- सूर्या सिन्हा

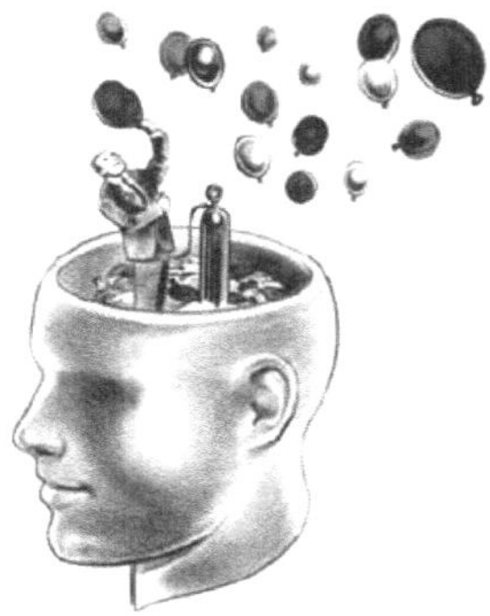

अध्याय - 1

विचारों में ही छिपी होती है सफलता-असफलता

दोस्तों, यह बात जितनी साधारण लगती है, उतनी ही गहरी है कि **"सफलता या असफलता हमारे विचारों में ही छिपी होती है।"** हमारा जीवन हमारे विचारों का प्रतिबिंब है। अगर हम अपने मन में सफलता की भावना रखते हैं और उसके लिए पूरे मन से ईमानदार प्रयास करते हैं, तो हमें सफल होने से कोई नहीं रोक सकता। लेकिन यदि हमारे विचारों में असफलता का बीज बोया हुआ है, तो चाहे हम कितनी भी कोशिश क्यों न कर लें, सफलता को पाना हमारे लिए मुश्किल हो जाएगा।

असल में, विचार ही वह बीज हैं जो हमारे जीवन के हर फल का निर्धारण करते हैं। सकारात्मक विचारों के बीज से सफलता रूपी वृक्ष पनपता है, जबकि नकारात्मक विचारों का बीज असफलता की जड़ें गहरी कर देता है। यही कारण है कि हर व्यक्ति के जीवन में सबसे पहले उसके विचारों की ताकत और दिशा को समझना बहुत जरूरी है।

अब सवाल यह है कि कैसे पता लगाया जाए कि हम सफलता की ओर बढ़ रहे हैं या असफलता की ओर?

इसका उत्तर हमारे अंदर ही है। जब भी आप अपने मन को टटोलें, तो देखें कि क्या आपके भीतर कोई **शंका, भय** या **दुविधा घर** कर रही है? क्या आपके विचार नकारात्मकता से भरे हुए हैं, या आप खुद पर विश्वास करते हैं? अगर आपके मन में **आत्मविश्वास** और

सकारात्मकता है, तो आप निश्चित रूप से सफलता की ओर अग्रसर हैं। लेकिन अगर आपके मन में डर, असफलता की आशंका और शंकाएं भरी हुई हैं, तो ये विचार आपकी प्रगति को रोक रहे हैं।

सफलता और असफलता के बीच का अंतर केवल विचारों का है। **जो व्यक्ति अपने मन को असफलता के विचारों से मुक्त कर लेता है, और अपनी मानसिक कमजोरियों पर विजय प्राप्त कर लेता है, उसके लिए सफलता सिर्फ एक कदम की दूरी पर होती है।** इतिहास इस बात का गवाह है कि बड़े-बड़े महापुरुषों ने अपनी सकारात्मक सोच और आत्मविश्वास के बल पर ही असंभव को संभव कर दिखाया। वे लोग जिन्होंने अपने विचारों में साहस और आत्मबल को स्थान दिया, वे ही अपने जीवन में महान कार्य कर पाए।

हमारे विचार हमारे कार्यों को प्रभावित करते हैं। जब हमारे विचार सकारात्मक होते हैं, तो हमारा आत्मविश्वास बढ़ता है और हम किसी भी चुनौती का सामना कर सकते हैं। लेकिन जब हमारे विचार नकारात्मक होते हैं, तो हम पहले ही हार मान लेते हैं। **"मन के हारे हार है, मन के जीते जीत।"** यह कथन सफलता-असफलता के खेल को पूरी तरह से स्पष्ट कर देता है। मन की हार ही असफलता है, और मन की जीत ही सफलता।

हर व्यक्ति के जीवन में ऐसे मौके आते हैं, जब वह असफलता का सामना करता है। पर जो व्यक्ति अपनी असफलताओं से सीखता है, वह अपनी गलतियों को सुधारकर दोबारा कोशिश करता है। उसके विचारों में एक दृढ़ संकल्प होता है, जो उसे सफलता की ओर ले जाता है। ऐसे व्यक्ति की आत्मशक्ति और आत्मविश्वास उसे असफलता से ऊपर उठने में मदद करते हैं।

दूसरी ओर, वह व्यक्ति जो अपनी असफलताओं से घबराकर बैठ जाता है, और जिसने अपने मन में असफलता के विचारों को बसा लिया है, वह कभी सफलता की ऊँचाइयों को नहीं छू सकता। **सफलता का असली रहस्य हमारे विचारों में छिपा है।**

तो, दोस्तों! अगर आप वास्तव में सफल होना चाहते हैं, तो सबसे पहले अपने विचारों को सकारात्मक बनाइए। अपने मन से भय, शंका और दुविधाओं को निकाल दीजिए। आत्मविश्वास को अपना साथी बनाइए, क्योंकि वही आपको आपके सपनों की मंजिल तक पहुंचा सकता है।**"विचारों की शक्ति"** को समझें और जीवन में सफलता के द्वार अपने लिए खोलें।

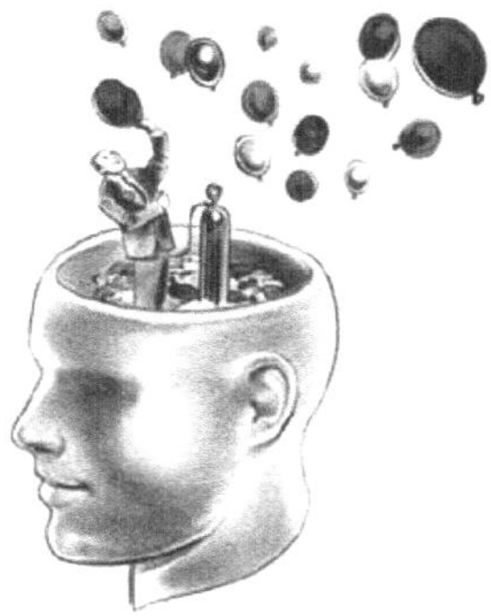

अध्याय -2

जुड़ें सही लोगों से

दोस्तों, हम सभी जानते हैं कि जिस प्रकार हम अपने घर की रोज सफाई करते हैं, उसी तरह हमारे मन को भी प्रतिदिन साफ रखना ज़रूरी है। यह सफाई हमें उन नकारात्मक विचारों से बचाती है, जो हमारे मानसिक और भावनात्मक विकास को अवरुद्ध कर सकते हैं। लेकिन यह इतना आसान भी नहीं है। जीवन में रोज़ कुछ नई घटनाएं घटती हैं, जिनके कारण हमारे मन में अच्छे और बुरे दोनों प्रकार के विचार जन्म लेते हैं। ऐसे में हमें अपने विचारों को सूझबूझ से चुनना पड़ता है, ताकि हमारी ज़िंदगी में सिर्फ सकारात्मकता ही बनी रहे।

सकारात्मक और नकारात्मक विचारों की इस लड़ाई को हम एक साधारण उदाहरण से समझ सकते हैं। मान लीजिए कि आपके पास फलों की एक टोकरी है, जिसमें सारे फल ताजे और अच्छे हैं। लेकिन यदि उसमें एक सड़ा हुआ फल डाल दिया जाए, तो वह धीरे-धीरे बाकी फलों को भी सड़ा देगा। ठीक इसी तरह, यदि आपने अपने मन में एक भी नकारात्मक विचार को जगह दे दी, तो वह सारे अच्छे विचारों को प्रभावित करके उन्हें दूषित कर सकता है। इसलिए, हमें हर दिन अपने मन की सफाई करते रहनी चाहिए, ताकि नकारात्मकता हमारे भीतर प्रवेश न कर सके।

अब बात आती है संगत की। हमारा मन हमेशा बाहर की दुनिया से प्रेरित होता है, और इस प्रेरणा का सबसे बड़ा स्रोत वे लोग होते हैं, जिनके साथ हम समय बिताते हैं। सही लोगों के

साथ समय बिताना ठीक वैसे ही है जैसे एक स्वस्थ और हरा-भरा बगीचा। वहां फूल खिलते हैं, हवा शुद्ध होती है और हरियाली से मन खुश हो जाता है। अगर हम सही संगत में रहते हैं, तो हमारे विचार भी शुद्ध, सकारात्मक और उन्नतिशील बनते हैं। लेकिन अगर हम गलत संगत में पड़ जाते हैं, तो यह हमारी मानसिकता को भी दूषित कर देती है।

सकारात्मक लोगों से जुड़ने के फायदे :

- **प्रेरणा और उत्साह :** जो लोग खुद सकारात्मक होते हैं, वे आपको हमेशा प्रेरित करते हैं। वे कठिन परिस्थितियों में भी रास्ता निकालने का हौसला देते हैं और आपको ऊंचाइयों तक पहुंचने की प्रेरणा देते हैं।
- **सपोर्ट सिस्टम :** अच्छे लोग आपके जीवन के मुश्किल समय में आपके साथ खड़े रहते हैं। वे आपको गिरने से बचाते हैं और मुश्किल वक्त में आपको सहारा देते हैं।
- **विकास की राह :** प्रगतिशील विचारधारा वाले लोग आपको हमेशा आगे बढ़ने के लिए प्रोत्साहित करते हैं। वे आपको नई चीजें सिखाते हैं, आपकी सोच का दायरा बढ़ाते हैं और आपके आत्मविश्वास को मजबूत करते हैं।
- **सकारात्मक दृष्टिकोण :** सकारात्मक लोग आपको हर समस्या में एक समाधान देखने की आदत डालते हैं। वे नकारात्मकता से दूर रहते हैं और आपको भी सिखाते हैं कि कैसे जीवन में चुनौतियों का सामना करना है।

लेकिन अगर आप ऐसे लोगों से जुड़े रहते हैं जो नकारात्मक हैं, जो हर समय शिकायतें करते हैं, और जिन्हें हर चीज में समस्या ही नज़र आती है, तो यकीन मानिए, उनका असर आपके जीवन पर भी पड़ेगा। वे लोग आपको पीछे खींच लेंगे, आपके आत्मविश्वास को कम कर देंगे, और आपकी सफलता की राह में बाधाएं खड़ी करेंगे।

इसलिए, हमेशा उन लोगों से जुड़ें जो आशावादी, प्रगतिशील और सकारात्मक हैं। ऐसे लोग आपको आगे बढ़ने में मदद करेंगे और आपकी ज़िंदगी को रोशनी से भर देंगे। ठीक वैसे ही जैसे सूरज की किरणें अंधेरे को मिटा देती हैं, वैसे ही सकारात्मक संगत आपके जीवन में सौभाग्य और उजाले का प्रभात ला सकती है।

याद रखें :

"आपका संगती आपका भविष्य तय करती है। सही लोगों से जुड़ें और अपने जीवन को सफल, खुशहाल और सार्थक बनाएं।"

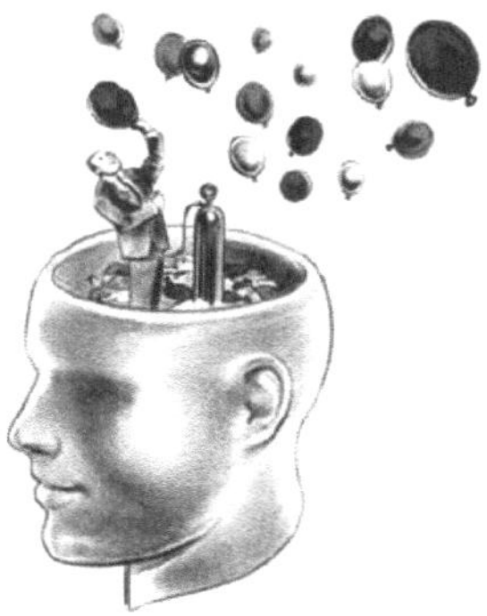

अध्याय - 3

सही निर्णय कैसे लें ?

जीवन में कई बार ऐसे मोड़ आते हैं, जब हमें कोई बड़ा फैसला लेना होता है। ये फैसले हमारी जिंदगी की दिशा और दशा तय करते हैं। लेकिन सवाल ये है कि सही फैसला कैसे लिया जाए? खासकर तब, जब मन भय, शंका या निराशा से घिरा हो?

दोस्तों, यह सच है कि जब हम भय, क्रोध, या शंका की स्थिति में होते हैं, तब हमारा निर्णय अक्सर गलत हो जाता है। ये नकारात्मक भावनाएं हमारे दिमाग को घेर लेती हैं और हम परिस्थिति को सही तरीके से नहीं देख पाते। हमारी सोच पर एक तरह का पर्दा पड़ जाता है, जिससे हम सटीक और तार्किक निर्णय नहीं ले पाते। इसलिए, जब भी आप किसी महत्वपूर्ण फैसले के सामने खड़े हों, तो अपने मन को शांत करने की कोशिश करें।

एक साधारण उदाहरण से इसे समझते हैं। मान लीजिए कि आप एक महत्वपूर्ण परीक्षा के रिजल्ट का इंतजार कर रहे हैं और आपको नौकरी का ऑफर मिलता है, लेकिन आप इस दुविधा में हैं कि परीक्षा का परिणाम क्या होगा। अगर आप इस चिंता में तुरंत फैसला लेते हैं, तो हो सकता है कि आप नौकरी छोड़ दें और बाद में आपको पता चले कि परीक्षा में अपेक्षित परिणाम नहीं आया। लेकिन अगर आप शांत होकर सभी पहलुओं पर विचार करते हैं, तो आप सही निर्णय ले पाएंगे।

शांत मन से निर्णय क्यों आवश्यक है?

वैज्ञानिक रूप से भी यह सिद्ध हो चुका है कि जब हम तनाव में होते हैं, तो हमारा दिमाग उस स्थिति के सभी पहलुओं को ठीक से नहीं देख पाता। यह एक प्राकृतिक प्रक्रिया है—हमारा मस्तिष्क उत्तेजित अवस्था में त्वरित निर्णय लेने की कोशिश करता है, लेकिन वह स्थिति की गहराई में नहीं जा पाता। इसलिए, एक सही निर्णय तभी लिया जा सकता है, जब हमारा मन शांत हो और हम सभी पक्षों पर ठंडे दिमाग से विचार कर चुके हों।

कैसे पहचाने कि आपका निर्णय सही है या गलत?

यह समझने के लिए भी एक सरल तरीका है। जब आपका निर्णय सही होता है, तो आपका मन शांत और आत्मविश्वास से भरा रहता है। आपको अपने फैसले पर कोई शंका नहीं होती। लेकिन अगर आपका निर्णय गलत है, तो आपका मन बार-बार आपको चेतावनी देता है। बार-बार यह शंका उठती है कि शायद आपने गलत फैसला लिया है। यह असमंजस की स्थिति आपके भीतर बेचैनी पैदा करती है। इसलिए, अगर आपको बार-बार अपने निर्णय पर शंका हो रही है, तो यह संकेत है कि आपको अपने फैसले पर फिर से विचार करना चाहिए।

सही समय का महत्व : सफलता का रास्ता केवल सही फैसले लेने से ही नहीं बनता, बल्कि सही समय पर सही फैसला लेने से बनता है। सही समय का मतलब होता है जब आप शांतचित्त होकर सभी विकल्पों पर गंभीरता से विचार कर चुके हों। यह समय तब आता है, जब आप नकारात्मक भावनाओं से मुक्त होते हैं और परिस्थिति को सभी दृष्टिकोणों से देख चुके होते हैं।

फैसले की घड़ी में ध्यान रखें ये बातें:

- ☞ **मन शांत रखें :** क्रोध, भय या चिंता में कोई भी निर्णय न लें।
- ☞ **सभी पहलुओं पर विचार करें :** समस्या या उद्देश्य को सभी कोणों से देखें।
- ☞ **शंका न हो :** यदि मन बार-बार आपको चेतावनी दे रहा है, तो फिर से सोचें।
- ☞ **समय का ध्यान रखें :** सही समय पर लिए गए निर्णय ही सही दिशा में ले जाते हैं।

याद रखें :

सही निर्णय का फल आपको आत्मविश्वास और सफलता की ओर ले जाएगा, जबकि गलत निर्णय हमेशा आपको असमंजस और शंका में घेर लेगा।

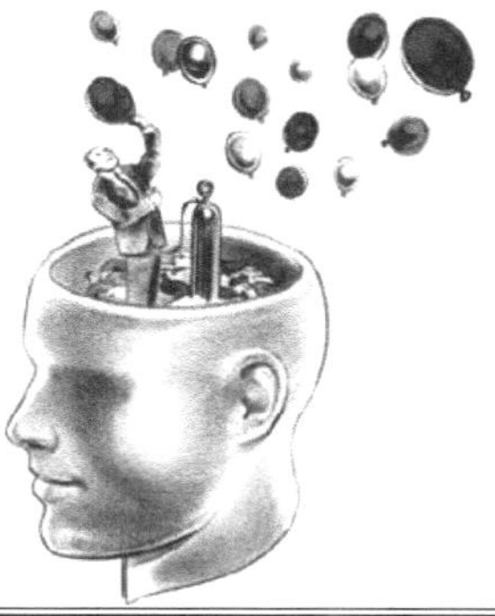

अध्याय - 4

एक हों - मन, कर्म, वचन

क्या आपने कभी सोचा है कि आपकी सफलता या असफलता का राज क्या है? यह कोई जादू नहीं, बल्कि आपके अपने मन, कर्म और वचन का तालमेल है। यदि ये तीनों एक ही दिशा में हों, तो सफलता के रास्ते पर चलना बहुत आसान हो जाता है। लेकिन अगर इनमें तालमेल नहीं है, तो जीवन एक उलझी हुई राह की तरह हो सकता है, जहां आप हर मोड़ पर भटकते रहते हैं।

जब आपके मन, कर्म और वचन एक हों, तो आप अपने लक्ष्यों की ओर बिना किसी दुविधा के बढ़ते हैं। इसका मतलब है कि आप जैसा सोचते हैं, वैसे ही काम करते हैं, और वही बात दूसरों से कहते हैं। यह सरल लगता है, पर वास्तविकता में इसे पाना उतना आसान नहीं। क्यों? क्योंकि हमारे मन में हमेशा विचारों का एक समुद्र चलता रहता है। कभी अच्छे विचार, कभी नकारात्मक, कभी संदेह, कभी आत्मविश्वास। इस सब के बीच अपने मन को सकारात्मक और स्थिर रखना ही सबसे बड़ी चुनौती है।

मन की शक्ति : आपका मन आपके जीवन का दर्पण है। जैसा आपका मन होता है, वैसे ही आपके कर्म और वचन होते हैं। यदि आपके मन में अच्छे, सकारात्मक और उच्च विचार होंगे, तो आपके कर्म और वचन भी उसी तरह से होंगे। लेकिन अगर आपका मन निराशा, क्रोध या द्वेष से भरा है, तो यह आपकी वाणी और कर्मों में भी झलकेगा।

स्वामी विवेकानंद ने एक बार कहा था, "आप वही बनते हैं, जो आप सोचते हैं।" यानी यदि आप अपने मन में यह ठान लें कि आपको सफलता चाहिए, तो आपके सभी कर्म उसी दिशा में बढ़ेंगे। इसलिए मन को शांत, सकारात्मक और एकाग्र रखना सफलता का सबसे पहला कदम है।

कर्म का महत्व : कर्म वही होता है, जो आपके मन में चलता है। यदि आप बड़े सपने देख रहे हैं, तो आपके कर्म भी उसी अनुसार होने चाहिए। सिर्फ सोचने से कुछ नहीं होता, कर्म के बिना सपने साकार नहीं होते। यदि आपके मन में यह विचार है कि आप एक सफल व्यक्ति बनना चाहते हैं, तो आपको अपने कर्मों में भी उसे लाना होगा।

वचन का प्रभाव : वाणी की ताकत को कभी भी कम मत समझिए। आपके शब्द न केवल आपके विचारों को व्यक्त करते हैं, बल्कि आपके आस-पास के लोगों पर भी प्रभाव डालते हैं। जब आपके वचन आपके मन और कर्म के साथ मेल खाते हैं, तो वे दूसरों के लिए प्रेरणादायक बनते हैं। आपके शब्दों में सच्चाई और विश्वास झलकता है। अगर आप मन, कर्म और वचन में एकता बनाए रखते हैं, तो आपकी बातों का प्रभाव गहरा और स्थायी होता है।

मन, कर्म और वचन का तालमेल : अब सवाल यह है कि मन, कर्म और वचन को एक कैसे किया जाए? इसके लिए सबसे पहले आवश्यक है आत्म-नियंत्रण और अनुशासन। मन को बार-बार सही दिशा में मोड़ने की आदत डालनी होगी। विचारों को स्थिर और सकारात्मक रखने के लिए ध्यान, योग और आत्मचिंतन बेहद कारगर होते हैं। जब आपका मन स्थिर होगा, तो कर्म और वचन अपने आप सही रास्ते पर चलेंगे।

अंतिम विचार : यदि आप जीवन में सच्ची सफलता चाहते हैं, तो आपके मन, कर्म और वचन को एक होना आवश्यक है। जैसे एक अच्छा संगीतकार अपने सभी सुरों को मिलाकर मधुर संगीत बनाता है, वैसे ही आपके जीवन का संगीत तभी मधुर होगा जब ये तीनों एक दिशा में हों। इस यात्रा में संयम, अनुशासन और आत्मविश्वास आपके सबसे अच्छे साथी होंगे।

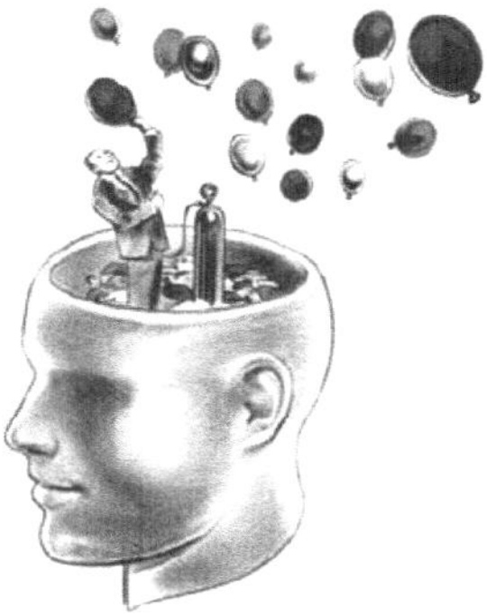

अध्याय - 5

सही निशाना साधें

इच्छाएं और अभिलाषाएं मनुष्य के जीवन का स्वाभाविक हिस्सा हैं। हर इंसान के दिल में किसी न किसी प्रकार की इच्छाएं उठती रहती हैं—सुख की चाह, सफलता की अभिलाषा, सम्मान की लालसा। लेकिन क्या केवल इच्छाओं के सहारे ही हम अपने जीवन में सफलता प्राप्त कर सकते हैं? क्या सिर्फ यह चाहने भर से कि हमें कुछ चाहिए, हम उसे हासिल कर सकते हैं?

इस सवाल का जवाब स्पष्ट है—नहीं! केवल इच्छाएं रखना ही पर्याप्त नहीं है, उनके पीछे एक ठोस योजना और सही दिशा में किया गया प्रयास भी उतना ही जरूरी है। कोई भी लक्ष्य, चाहे वह छोटा हो या बड़ा, बिना सही दिशा और समर्पित प्रयासों के पूरा नहीं हो सकता। यह ठीक वैसे ही है जैसे तीरंदाज को अपने तीर को सही तरीके से लक्ष्य पर साधने की आवश्यकता होती है। अगर तीर सही दिशा में नहीं जाता, तो वह लक्ष्य से चूक जाएगा, चाहे तीरंदाज की इच्छा कितनी भी प्रबल क्यों न हो।

लक्ष्य की स्पष्टता : सही निशाना साधने का सबसे पहला कदम है—अपने लक्ष्य को पूरी तरह से स्पष्ट करना। जब आप किसी उद्देश्य को पाने के लिए कदम बढ़ाते हैं, तो आपको यह समझना होगा कि आपका असली लक्ष्य क्या है। यह वैसा ही है जैसे

महाभारत के युद्ध में अर्जुन ने मछली की आंख पर ध्यान केंद्रित किया था। उस पल में अर्जुन के सामने केवल मछली की आंख ही दिख रही थी, बाकी दुनिया धुंधली हो गई थी।

आपका भी लक्ष्य उतना ही साफ और केंद्रित होना चाहिए। जब तक आपका ध्यान बंटा हुआ रहेगा, तब तक आप किसी भी दिशा में पूरी ताकत से आगे नहीं बढ़ सकते। जीवन के हर क्षेत्र में यह सिद्धांत लागू होता है—चाहे वह करियर हो, रिश्ते हों या व्यक्तिगत विकास। आपका ध्यान एक जगह केंद्रित होगा, तभी आप अपने निशाने पर सटीक प्रहार कर पाएंगे।

प्रयासों की निरंतरता : लेकिन सिर्फ लक्ष्य स्पष्ट करना ही काफी नहीं है। इच्छाओं को हकीकत में बदलने के लिए सतत और निरंतर प्रयासों की आवश्यकता होती है। केवल सोचते रहने से, योजनाएं बनाते रहने से कुछ नहीं होता। आपको काम करना होगा, मेहनत करनी होगी। जिस तरह अर्जुन ने अपने लक्ष्य को साधने के लिए अभ्यास किया, अपनी सभी इंद्रियों को मछली की आंख पर केंद्रित किया, उसी तरह आपको भी अपने लक्ष्य को पाने के लिए अपना पूरा ध्यान और ऊर्जा लगानी होगी।

ईमानदारी और सूझबूझ : सही निशाना साधने का अर्थ केवल कठोर परिश्रम करना नहीं है, बल्कि सूझबूझ और सही निर्णय लेना भी है। बिना समझ के की गई मेहनत व्यर्थ हो जाती है। हर कदम पर सोच-समझकर आगे बढ़ना, परिस्थितियों का सही आकलन करना और रणनीति बनाना भी उतना ही महत्वपूर्ण है जितना कि परिश्रम करना। ईमानदारी से किए गए प्रयास और बुद्धिमानी से लिए गए निर्णय आपको आपकी मंजिल के करीब लाते हैं।

आत्मविश्वास और साहस : सही निशाना साधने के लिए आत्मविश्वास और साहस का होना भी आवश्यक है। जब आप अपने लक्ष्य की दिशा में कदम बढ़ाते हैं, तो कई बार असफलता का सामना करना पड़ सकता है। लेकिन याद रखें, हर असफलता आपको अपने लक्ष्य के और करीब ले जाती है, बशर्ते आप हार मानकर रुकें नहीं। आपका आत्मविश्वास और साहस ही आपको बार-बार उठने और अपने लक्ष्य की ओर बढ़ने की ताकत देता है।

इसलिए, यदि आप अपनी इच्छाओं को साकार करना चाहते हैं, तो सही निशाना साधिए। अपने लक्ष्य को स्पष्ट कीजिए, अपनी सोच को केंद्रित कीजिए, और पूरी लगन से अपने प्रयास जारी रखिए। अर्जुन की तरह, आपकी दृष्टि भी केवल लक्ष्य पर होनी चाहिए। जब आप ऐसा करेंगे, तो आपके हर कदम के साथ सफलता आपकी ओर बढ़ेगी।

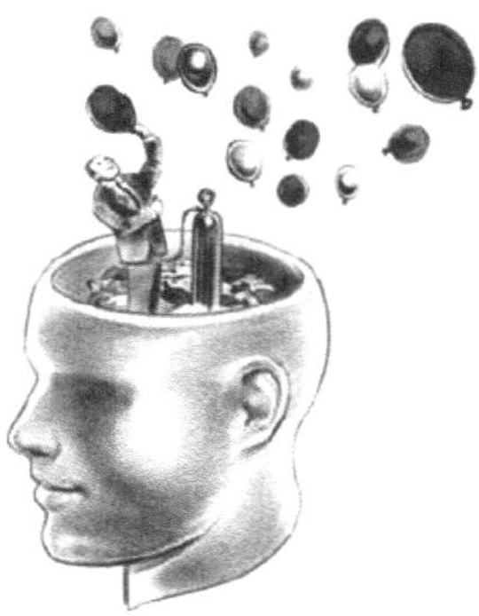

अध्याय - 6

स्वयं पर रखें विश्वास

दोस्तों, जीवन में सबसे महत्वपूर्ण चीज़ है—स्वयं पर विश्वास। चाहे लोग आपको अयोग्य समझें, असफल मानें, या आपकी क्षमताओं पर संदेह करें, आपको अपने ऊपर संदेह करने की कोई ज़रूरत नहीं है। आप में जो योग्यता और सामर्थ्य है, वह किसी और के पास नहीं हो सकती। किसी भी बाहरी राय या आलोचना को अपने मन में जगह मत दीजिए। आपका विश्वास ही वह शक्ति है जो आपको हर मुश्किल से निकाल सकता है।

"मैं कर सकता हूं" की भावना : हर दिन जब आप जागते हैं, तब अपने मन में यह दोहराएं—"मैं हर कार्य कर सकता हूं, मेरे लिए कोई भी लक्ष्य असंभव नहीं।" इस विचार को जितना आप दोहराएंगे, उतना ही यह आपके आत्मविश्वास को मज़बूत बनाएगा। इस विश्वास की ताकत से ही आप अपने भीतर छिपी सभी शक्तियों को पहचानेंगे। आत्म-विश्लेषण और ध्यान से आप अपने अदृश्य सामर्थ्य को जगा सकते हैं। यह वह शक्तियां हैं, जो तब तक सोई रहती हैं, जब तक आप अपने विश्वास से उन्हें जगाते नहीं हैं।

दूसरों की राय की परवाह न करें : जब आप अपने ऊपर विश्वास करना शुरू करते हैं, तो आपके आस-पास के लोग भी आपके प्रति सम्मान और विश्वास महसूस करने

लगते हैं। जब आप खुद को सामर्थ्यवान मानते हैं, तो दुनिया भी आपको उसी नज़र से देखती है। आत्मविश्वास और मानसिक शक्ति से बढ़कर कोई और शक्ति नहीं है। जो व्यक्ति आत्मविश्वास से भरा होता है, वह हर कठिनाई का सामना करने के लिए तैयार होता है।

महान कार्य करने का अवसर : परमपिता परमात्मा ने हम सभी को इस संसार में कुछ विशेष उद्देश्यों को पूरा करने के लिए भेजा है। हर व्यक्ति की ज़िन्दगी में ऐसा कोई महत्वपूर्ण कार्य होता है, जिसे सिर्फ वह ही कर सकता है। यह सोचिए कि आपकी ज़िंदगी में भी एक महान कार्य है, जिसे पूरा करने के लिए सिर्फ आप ही इस धरती पर आए हैं। यदि आप विश्वास खो देते हैं या हिम्मत हार जाते हैं, तो वह महान कार्य अधूरा रह सकता है।

इसलिए यह ज़रूरी है कि आप खुद को छोटा न समझें। जीवन में कोई भी चुनौती आए, उसे हंसते हुए स्वीकार करें और अपने विश्वास को कभी टूटने न दें। सफलता की राह पर कदम रखने के लिए आपको यह समझना होगा कि आप में अद्भुत क्षमता है, और आपका आत्मविश्वास ही आपको उस मंजिल तक ले जाएगा, जहां कोई दूसरा नहीं पहुंच सकता।

विशेष कार्य के लिए जन्मे हैं : हर व्यक्ति के जीवन में ऐसा समय आता है, जब उसे खुद पर और अपनी क्षमताओं पर विश्वास करना होता है। इसलिए मन में यह धारणा रखिए कि आप एक महत्वपूर्ण कार्य के लिए इस संसार में आए हैं। जो कार्य आप कर सकते हैं, उसे कोई और नहीं कर सकता। यह आपके लिए एक अवसर है, जिसे आपको खोना नहीं चाहिए।

आत्मविश्वास से सफलता का सफर : याद रखें, आत्मविश्वास ही वह चाबी है, जो आपके लिए सफलता के सभी दरवाजे खोलती है। अपने विश्वास को हमेशा बनाए रखिए, क्योंकि आपके बिना इस दुनिया में कुछ खास और महत्वपूर्ण कार्य अधूरे रह जाएंगे। आपको खुद पर यकीन करना होगा कि आप वह व्यक्ति हैं, जो इस महान कार्य को पूरा कर सकता है।

इसलिए दोस्तों, हमेशा अपने विश्वास को बनाए रखें, अपनी क्षमताओं पर भरोसा रखें, और दुनिया को दिखा दें कि आप क्या कर सकते हैं। यही विश्वास आपको आपके सपनों की ऊंचाइयों तक ले जाएगा।

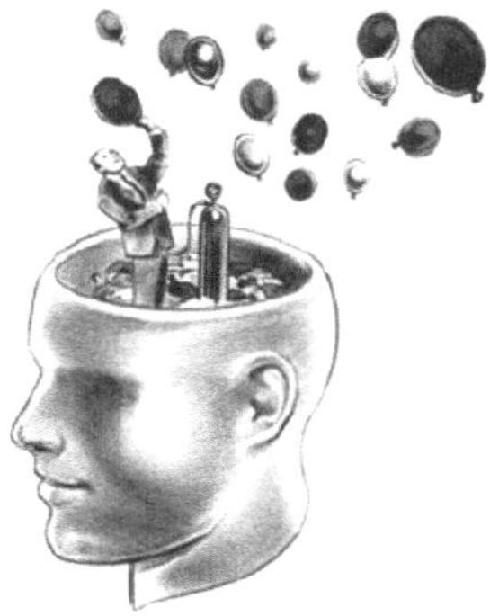

अध्याय - 7

कल्पना के पंख फैलाएं

कल्पना वह अदृश्य शक्ति है, जो हमारे विचारों को पंख देती है और हमें नई ऊँचाइयों तक ले जाती है। हर महान आविष्कार, हर अद्वितीय उपलब्धि, और हर सफल व्यक्ति की यात्रा का आरंभ कल्पना से ही होता है। यह वह शक्ति है, जो हमें भविष्य में झांकने और आज के साधारण को असाधारण में बदलने की क्षमता देती है। मनुष्य का मस्तिष्क एक ऐसा अद्भुत यंत्र है, जहां से यह कल्पना शुरू होती है और विचारों का जन्म लेता है।

कल्पना की शुरुआत मस्तिष्क में एक बीज की तरह होती है, जो सही वातावरण और मेहनत से एक विशाल वृक्ष बन सकता है। मनुष्य को अपनी कल्पना के पंख फैलाने के लिए बस एक दिशा की जरूरत होती है, और यह दिशा सकारात्मकता से मिलती है। शुभ और आशावादी विचार व्यक्ति को न केवल खुशी, शांति और सफलता दिलाते हैं, बल्कि वे उसकी शक्ति, सामर्थ्य और समृद्धि को भी बढ़ाते हैं। कल्पना आपके लिए वैसा ही काम कर सकती है, जैसा एक जादुई चिराग करता है—इच्छाओं को पूरा करने में मदद करती है, बशर्ते कि आप उसे साकार रूप देने के लिए मेहनत करें।

कल्पना से वास्तविकता तक की यात्रा : जब आप कल्पना करते हैं, तो आप अपने जीवन के लिए एक खाका तैयार करते हैं। लेकिन केवल खाका खींचना ही काफी

नहीं है। कल्पना से वास्तविकता तक की यात्रा में सबसे महत्वपूर्ण भूमिका आपके प्रयासों की होती है। हर सफल व्यक्ति ने पहले अपनी कल्पनाओं को अपने विचारों में पिरोया, और फिर उन्हीं विचारों के आधार पर मेहनत की। यह मेहनत लंबे संघर्षों के बाद सफलता का मार्ग प्रशस्त करती है।

अल्बर्ट आइंस्टीन का प्रसिद्ध कथन, "कल्पना ज्ञान से अधिक शक्तिशाली होती है," इस बात को स्पष्ट करता है कि ज्ञान भले ही सीमित हो सकता है, लेकिन कल्पना असीमित है। यह वह शक्ति है, जो मनुष्य को नई दिशाओं में सोचने और आगे बढ़ने का हौसला देती है। जब आप अपने भविष्य की कल्पना सुनहरी करते हैं, तो आपके प्रयास भी उसी दिशा में काम करने लगते हैं।

आविष्कारों की उड़ान : आज हम जिस आधुनिक दुनिया में रहते हैं, उसके हर पहलू में किसी न किसी की कल्पना का साकार रूप है। चाहे वो टेलीविजन हो, कंप्यूटर हो, मोबाइल फोन हो या फिर हवाई जहाज—ये सभी पहले कल्पना के रूप में अस्तित्व में आए थे। आविष्कारकों ने इन्हें पहले अपने मस्तिष्क में देखा और फिर उसे साकार रूप में ढालने के लिए कड़ी मेहनत की। कल्पना से लेकर वास्तविकता तक का सफर इन्हीं पंखों पर हुआ है।

सफलता के लिए आदर्श : आपका आदर्श जितना ऊंचा और सफल होगा, आपके प्रयास उतने ही बेहतर होंगे। जब आप अपने आदर्शों में सफल व्यक्तियों को स्थान देते हैं, तो आपके विचार, कर्म और जीवन भी उसी दिशा में कार्य करने लगते हैं। सफलता की ओर बढ़ने के लिए यह बेहद जरूरी है कि आप कल्पना के पंख फैलाएं और उन्हें साकार करने के लिए कड़ी मेहनत करें।

सकारात्मक कल्पना : केवल कल्पना करना ही पर्याप्त नहीं है। यदि आप अपनी कल्पना को साकार करना चाहते हैं, तो उसे विचारों से जोड़कर मेहनत के साथ कार्य करें। जो लोग अपनी कल्पनाओं को अपने कर्मों में नहीं उतारते, उनके विचार केवल अधूरे स्वप्न बनकर रह जाते हैं।

इसलिए, अपने मन में सकारात्मक और ऊंची कल्पनाओं को स्थान दें, उन्हें अपनी मेहनत से आकार दें और सफलता की ओर उड़ान भरें। कल्पना की उड़ान ही वह मार्ग है, जो आपको अपनी मंजिल तक ले जाएगी।

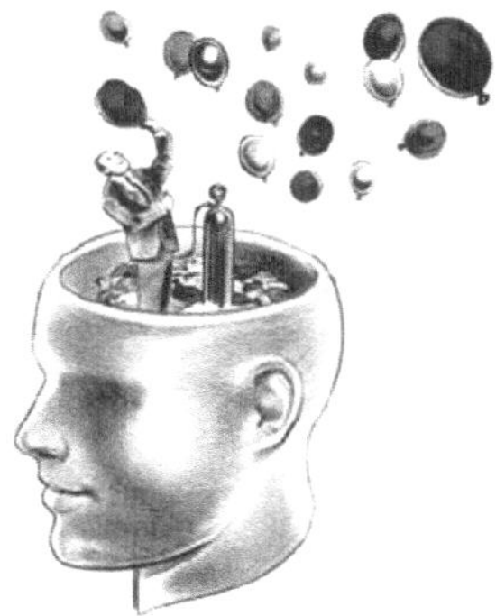

अध्याय - 8

सपने हैं संजोने

सपने और इच्छाएं मनुष्य को आगे बढ़ने की प्रेरणा देती हैं। वे हमारे जीवन का वह अभिन्न हिस्सा हैं, जो हमें निरंतर प्रेरित करते हैं कि हम कुछ और बेहतर कर सकें, कुछ और हासिल कर सकें। इच्छाएं और सपने ही वह ईंधन हैं, जो हमारी जीवन यात्रा को गति देते हैं। जिस व्यक्ति के पास सपने नहीं होते, वह जीवन की दौड़ में बहुत पीछे रह जाता है। ऐसा व्यक्ति धीरे-धीरे स्थिर हो जाता है और उसका जीवन केवल सांसों की गिनती तक सिमट जाता है।

लेकिन उन लोगों का क्या, जिनके पास सपने तो होते हैं, पर उन्हें पूरा करने की हिम्मत नहीं होती? ऐसे लोग अपनी इच्छाओं को अधूरा छोड़ देते हैं और संतोष का दिखावा करते हैं। वे अपने मन में अशांति को दबाए रहते हैं, अपने सपनों की मौत पर खामोश रहकर संतोष का मुखौटा ओढ़े रहते हैं। भीतर से वे ईश्वर और अपने भाग्य को कोसते रहते हैं, लेकिन अपनी इच्छाओं के लिए संघर्ष नहीं करते। संघर्ष के बिना कोई भी सपना हकीकत में नहीं बदलता, और यही कारण है कि ऐसे लोग जीवनभर असंतुष्ट रहते हैं।

जैसा कि प्रसिद्ध अंग्रेज पादरी आर. हेबर ने कहा है, "इच्छाओं का दमन करने से नहीं, अपितु उन्हें पूर्ण करने से शांति प्राप्त होती है।" यह बात बिल्कुल सत्य है। यदि आप

जीवन में सफलता, समृद्धि और शांति प्राप्त करना चाहते हैं, तो सबसे पहले अपने भीतर की इच्छाओं को जगाएं। आपके सपने ही आपको एक दिशा देंगे, आपको कुछ बड़ा हासिल करने के लिए प्रेरित करेंगे।

सपनों को संजोना और उन्हें साकार करना : जब आप अपने सपनों को साकार करने के लिए काम करते हैं, तो आप अपने जीवन को एक नई दिशा में मोड़ते हैं। हर नया सपना आपके भीतर एक नई ऊर्जा का संचार करता है। लेकिन केवल सपने देखना काफी नहीं है। उन सपनों को साकार करने के लिए आपको सतत संघर्ष और परिश्रम करना होगा। जो लोग केवल सपना देखते हैं, लेकिन उसे पूरा करने का प्रयास नहीं करते, वे कभी भी अपने जीवन में संतोष प्राप्त नहीं कर सकते।

ईश्वर ने हम सभी को समान रूप से बनाया है। हमें दो हाथ, दो पैर, दो आंखें और एक मस्तिष्क दिया है। यह मस्तिष्क ही वह साधन है, जो हमें सोचने, सपने देखने और उन्हें पूरा करने की क्षमता प्रदान करता है। फर्क सिर्फ इतना है कि कुछ लोग इन साधनों का सही उपयोग करते हैं, जबकि कुछ लोग नहीं। जो लोग अपनी इच्छाओं को साकार करने के लिए सतत प्रयास करते हैं, वे ही जीवन में सफलता प्राप्त कर पाते हैं।

सपने - जीवन का आधार : हमारे जीवन का असली उद्देश्य वही है, जिसे हम अपने सपनों और इच्छाओं के माध्यम से पाते हैं। यदि हम अपने जीवन में किसी लक्ष्य की प्राप्ति करना चाहते हैं, तो हमें अपनी इच्छाओं और सपनों को सजगता और सूझबूझ से संजोना होगा। हमारे सपने ही हमारे जीवन के मार्गदर्शक होते हैं।

इसलिए, अपनी इच्छाओं को दबाइए नहीं, बल्कि उन्हें साकार करने का दृढ़ संकल्प लीजिए। याद रखिए, हर सपना आपको एक नई दिशा में ले जा सकता है। सही दिशा में की गई मेहनत और सतत प्रयास ही आपको अपने लक्ष्यों तक पहुंचा सकते हैं।

अंत में : सपने संजोने और उन्हें पूरा करने की यात्रा ही हमें जीवन के असली आनंद और सफलता तक पहुंचाती है। तो, अपने सपनों के पंख फैलाइए, अपनी इच्छाओं को नए आयाम दीजिए और उन्हें साकार करने के लिए पूरी मेहनत और समर्पण से जुट जाइए। यही जीवन का सार है।

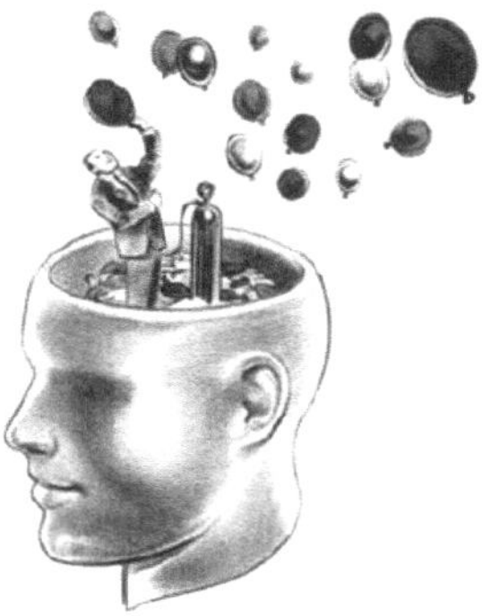

अध्याय - 9

प्रकृति से प्रेरणा लें

यदि आपको जीवन में प्रेरणा लेनी है और आगे बढ़ना है, तो प्रकृति से बेहतर कोई गुरु नहीं हो सकता। प्रकृति हमें निरंतर सिखाती है कि कैसे प्रत्येक कार्य के लिए एक निश्चित नियम और समय होना चाहिए। प्रकृति की व्यवस्था में न तो कोई जल्दबाजी है और न ही कोई अनियमितता। हर चीज के लिए सही समय और सही प्रक्रिया का पालन आवश्यक है। जब भी प्रकृति के इस संतुलन को भंग किया जाता है, तब प्राकृतिक आपदाओं का सामना करना पड़ता है।

प्रकृति हमें सिखाती है कि असंतुलन किसी भी क्षेत्र में हानिकारक है। उसका एक सुव्यवस्थित समयबद्ध प्रणाली होती है, जिसे कभी अनदेखा नहीं किया जा सकता। उदाहरण के लिए, मौसमों का बदलना, सूरज का उगना और डूबना, पेड़ों का फलना-फूलना—ये सब कुछ एक निश्चित क्रम में होते हैं। कोई भी बदलाव अपनी प्रक्रिया को छोड़कर नहीं हो सकता।

प्रकृति की सतत विकास प्रक्रिया : प्रकृति का सबसे उत्तम उदाहरण वनस्पति जगत है। एक बीज, जब उसे सही वातावरण, समय, और पोषण मिलता है, तभी अंकुरित होकर पौधे में बदलता है और अंततः एक विशाल वृक्ष बनता है। इस प्रक्रिया में कोई

जल्दबाजी या शॉर्टकट नहीं हो सकता। बीज को धरती पर बोने के बाद उसे निरंतर देखभाल की आवश्यकता होती है। अगर समय पर उसे जल, धूप और पोषण न मिले तो वह बीज सड़ सकता है और फिर चाहे कितने भी प्रयास किए जाएं, उसे जीवन में वापस नहीं लाया जा सकता।

यह प्रक्रिया हमें सिखाती है कि जीवन में हर कार्य का एक उचित समय होता है। जैसे बीज को अंकुरित होने में समय लगता है, वैसे ही हमारे जीवन के लक्ष्यों और सपनों को पूरा करने में भी समय और सही परिस्थितियों की आवश्यकता होती है। जब हम जल्दबाजी करते हैं या धैर्य खो देते हैं, तो हम असफल हो जाते हैं।

प्रकृति की शिक्षाएं : प्रकृति हमें सिखाती है कि विचार भी एक बीज की तरह होते हैं। यदि हम अपने विचारों को सही समय और उचित वातावरण में बोते हैं, और उन्हें निरंतर पोषित करते हैं, तो वे सफल होकर एक फलदार वृक्ष का रूप लेते हैं। लेकिन इसके लिए आवश्यक है कि हम धैर्य रखें और विचारों को समय के साथ परिपक्व होने दें।

अक्सर, जब हमारे विचार, कर्म और प्रयास असंतुलित होते हैं, तो हम असफल हो जाते हैं। प्रकृति हमें यह भी सिखाती है कि यदि हम अपनी योजनाओं और कार्यों में संतुलन बनाए रखते हैं, तो सफलता अवश्य प्राप्त होती है।

प्रकृति से निरंतर सीखने की प्रेरणा : प्रकृति का अध्ययन हमें धैर्य, अनुशासन और संतुलन की महत्ता सिखाता है। यदि हम जीवन में सफल होना चाहते हैं, तो हमें प्रकृति के इन नियमों को अपनाना होगा। हमें अपने विचारों का बीज ऐसी धरती पर बोना चाहिए जिसे हमने पहले से तैयार किया हो। उसे सही समय पर खाद और पानी देते रहें ताकि उसका पोषण हो सके। जब वह पौधा सशक्त वृक्ष में बदल जाए, तो उसके फूलों और फलों की रक्षा करना हमारा कर्तव्य बन जाता है।

प्रकृति से प्रेरणा लेकर, हम अपने जीवन में संतुलन और अनुशासन ला सकते हैं। जब हम अपने परिश्रम और ज्ञान के फल-फूलों को सही दिशा में इस्तेमाल करते हैं, तभी हम अपने जीवन में सच्ची सफलता और संतोष प्राप्त कर सकते हैं।

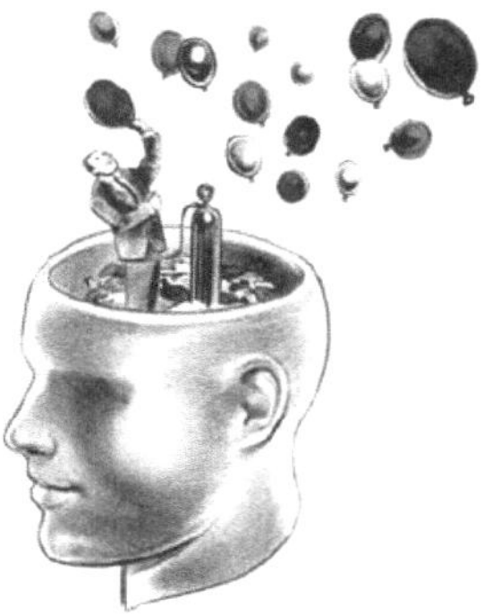

अध्याय - 10

विचार और व्यक्तित्व

कुछ लोग सोचते हैं कि महंगे कपड़े, आकर्षक हेयर स्टाइल, या प्रभावशाली मेकअप से वे दूसरों पर अपना बेहतरीन व्यक्तित्व दिखा सकते हैं। वे मानते हैं कि बाहरी दिखावट से वे लोगों को प्रभावित कर पाएंगे और अपना प्रभावशाली व्यक्तित्व बना लेंगे। लेकिन सच यही है कि बाहरी सजावट सिर्फ एक आवरण है, जो वास्तविक व्यक्तित्व को छिपा नहीं सकती। सच्चा व्यक्तित्व आपके विचारों और आचरण से निर्मित होता है।

अच्छे, सकारात्मक, और सात्विक विचारों वाले व्यक्ति का व्यक्तित्व उसकी बाहरी सुंदरता से नहीं, बल्कि उसकी आंतरिक शक्ति से निखरता है। ऐसे व्यक्ति के चेहरे पर एक खास कांति होती है, जिसकी ओर लोग स्वतः आकर्षित होते हैं। उसकी आंखों में एक चमक होती है, जो आत्मविश्वास और सच्चाई को प्रकट करती है। यह ओज उस व्यक्ति की सकारात्मक सोच और शुभ भावनाओं का परिणाम होता है। चाहे उसका रंग-रूप साधारण ही क्यों न हो, उसका व्यक्तित्व अद्वितीय और प्रभावी होता है।

इसके विपरीत, जिन व्यक्तियों के विचार नकारात्मक, तामसिक, और स्वार्थपूर्ण होते हैं, उनका चेहरा चाहे कितना भी आकर्षक क्यों न हो, उस पर कोई कांति नहीं होती। उनकी आंखों में धूर्तता, मक्कारी, और असुरक्षा की झलक रहती है। ऐसे लोग अपने भीतर छिपे अपराधबोध और नकारात्मकता से ग्रस्त होते हैं। यही कारण है कि वे आत्मविश्वास से

दूसरों की आंखों में आंखें डालकर बात नहीं कर पाते।

इससे यह स्पष्ट होता है कि विचार ही व्यक्ति के व्यक्तित्व का आधार होते हैं। एक अच्छा और सशक्त व्यक्तित्व सिर्फ कपड़ों या बाहरी दिखावे से नहीं बनता, बल्कि यह हमारे विचारों, भावनाओं और आचरण का परिणाम होता है। विचारों का हमारे कार्यों पर सीधा प्रभाव पड़ता है। जैसे हमारे विचार होंगे, वैसे ही हमारे कार्य भी होंगे, और इन्हीं कार्यों से हमारा व्यक्तित्व निर्मित होता है।

विचार सिर्फ हमारे कार्यों पर ही नहीं, बल्कि हमारी सोच और जीवन के हर पहलू पर प्रभाव डालते हैं। महान लोग सदैव इस बात पर जोर देते हैं कि विचार शक्तिशाली होते हैं। आज जो भी महान आविष्कार, अन्वेषण, और तकनीकी प्रगति हम देख रहे हैं, वह सभी विचारों की उपज हैं। अगर मनुष्य के पास कल्पना और विचार शक्ति न होती, तो वह आज इतनी उन्नति नहीं कर सकता था।

विचार शक्ति ही वह तत्व है, जो मनुष्य को अन्य प्राणियों से श्रेष्ठ बनाती है। विचारों के बिना संसार में कोई क्रांति नहीं हो सकती, न ही कोई प्रगति। हमारे अच्छे विचार हमारे जीवन में अच्छी चीजों को आकर्षित करते हैं, और बुरे विचार हमें नकारात्मकता की ओर खींचते हैं।

अतः यह आवश्यक है कि हम अपने विचारों को सकारात्मक, रचनात्मक और उद्देश्यपूर्ण बनाए रखें। अच्छे विचार न केवल हमारे कार्यों को सुदृढ़ बनाते हैं, बल्कि हमारे व्यक्तित्व को भी प्रभावशाली और आकर्षक बनाते हैं। इसी तरह, बुरे विचार हमें पतन की ओर ले जाते हैं और हमारे व्यक्तित्व को कमजोर करते हैं।

अंततः, याद रखें कि व्यक्तित्व का निर्माण विचारों से होता है। जैसे-जैसे आप अपने विचारों को सुधारते और निखारते हैं, वैसे-वैसे आपका व्यक्तित्व भी प्रभावशाली और सशक्त बनता है।

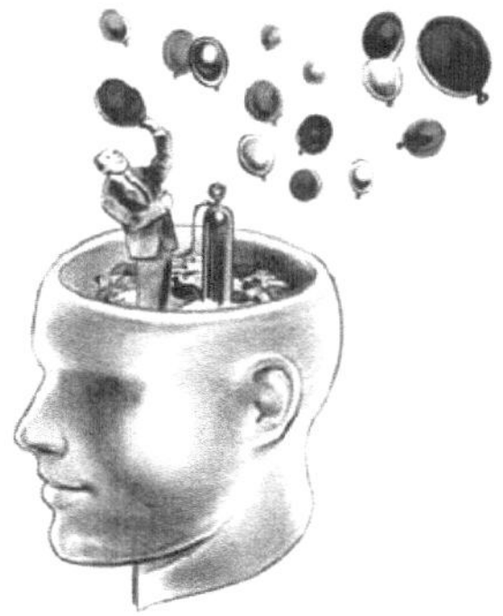

अध्याय - 11

लक्ष्य पाने का सूत्र

लक्ष्य प्राप्ति का तरीका सरल लग सकता है, लेकिन इसे सही ढंग से अपनाने पर ही सफलता की राह बनती है। सबसे पहले, किसी भी लक्ष्य को पाने का विचार आपके मन में अंकुरित होता है। वह विचार कितना प्रबल है और आपकी उसे पाने की इच्छा कितनी तीव्र है, यही दो बातें आपकी सफलता का निर्धारण करती हैं।

जब आप किसी लक्ष्य को पाने की प्रबल इच्छा रखते हैं, तो आपके भीतर की तीन मुख्य शक्तियां – मन, वचन, और कर्म – उस दिशा में काम करने लगती हैं। मन से विचार उत्पन्न होते हैं, विचारों से कर्म की योजना बनती है, और जब उस योजना में आपका दृढ़ निश्चय जुड़ता है, तब सफलता की नींव रखी जाती है। यह एक सरल लेकिन गहन प्रक्रिया है।

लक्ष्य प्राप्ति की यात्रा तब शुरू होती है जब हम उस लक्ष्य को पाने की इच्छा जाहिर करते हैं। इस इच्छा से उत्पन्न विचार धीरे-धीरे हमें उस लक्ष्य की ओर खींचते हैं। जितनी तीव्र आपकी इच्छा होगी, उतनी ही मजबूती से आपका संबंध उस लक्ष्य से जुड़ता जाएगा। आपके विचारों की शक्ति उसे आपकी ओर खींचने लगती है, जैसे किसी चुंबक का

आकर्षण। इस प्रक्रिया में आप स्वयं को उस लक्ष्य के करीब पाते हैं और अंततः उसे प्राप्त कर लेते हैं।

यह सब सुनने में सरल लगता है, पर क्या यह सचमुच इतना आसान है? कई बार हमें लगता है कि लक्ष्य प्राप्त करना बहुत कठिन है, परंतु सच यह है कि जब भी हम किसी विचार को पूरी समर्पण और लगन से अपनाते हैं, तो हमें सफलता जरूर मिलती है। इसका कारण यह है कि आपके विचार और इच्छाएं आपके मन से जुड़कर इतनी सशक्त हो जाते हैं कि वे आपको लगातार प्रेरित करते रहते हैं। यही विचारों की ताकत है।

यदि आप किसी लक्ष्य को पूरी गहराई से सोचते हैं, उस पर ध्यान केंद्रित करते हैं, तो एक अद्भुत शक्ति आपके भीतर जागृत हो जाती है। यह शक्ति आपके विश्वास को इतना प्रबल बना देती है कि असंभव सा लगने वाला कार्य भी संभव हो जाता है। यह विचारों की दुनिया का एक सिद्धांत है, जिसे आप भी महसूस कर सकते हैं।

कल्पना कीजिए, जब आप किसी चीज़ को पाना चाहते हैं और पूरी निष्ठा के साथ उस पर काम करना शुरू करते हैं, तो आप अपने चारों ओर सकारात्मक ऊर्जा और अनुकूल परिस्थितियां पैदा कर लेते हैं। यह ऊर्जा आपके विचारों और कर्मों के साथ मिलकर आपको सफलता की ओर ले जाती है।

सफलता की कुंजी यही है कि अपने विचारों को सकारात्मक और सशक्त बनाए रखें, उन्हें निरंतर पोषित करें, और अपनी पूरी क्षमता के साथ उस दिशा में काम करें। विचारों का सही दिशा में प्रवाह आपको उन ऊंचाइयों तक ले जाता है, जिनकी आपने कल्पना भी नहीं की थी।

तो, अपने विचारों का सम्मान करें, उन्हें सशक्त बनाएं, और अपने लक्ष्य को पाने के लिए पूरी शिद्दत से काम करें। जब आप अपने विचारों के साथ गहराई से जुड़ेंगे, तो सफलता आपके कदम चूमेगी। यही है लक्ष्य प्राप्ति का सच्चा और प्रभावी सूत्र।

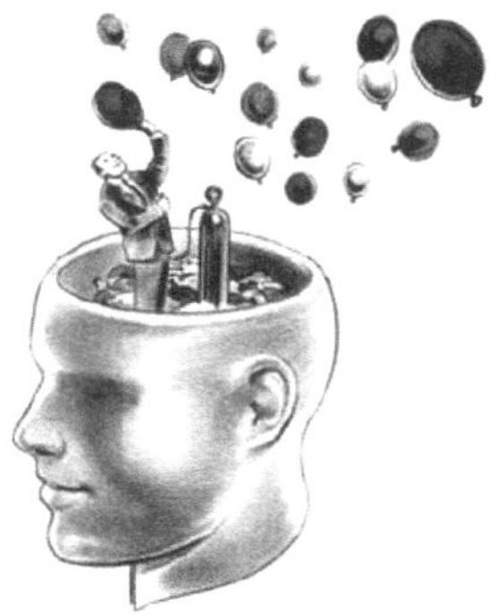

अध्याय - 12

प्रयास से प्राप्ति

हमारे जीवन में हर इच्छा, हर सपना तभी साकार होता है जब उसके पीछे सही दिशा में प्रयास किया जाए। विचार और कल्पनाएं केवल तभी फलित होते हैं जब उन्हें क्रियान्वित किया जाता है। मन में जितने भी उच्च विचार हों, लेकिन जब तक वे कार्य रूप में नहीं ढलते, वे केवल एक कल्पना बनकर रह जाते हैं।

यह सत्य है कि विचार हमारे जीवन की दिशा तय करते हैं, लेकिन इन विचारों को परिणाम में बदलने के लिए क्रिया अनिवार्य है। बिना कार्य के विचार मृत होते हैं। सोचने मात्र से कुछ नहीं बदलता, हमें अपनी सोच को क्रिया में बदलना पड़ता है। यही कारण है कि महान विचारक भी हमेशा कर्म का समर्थन करते हैं। विचारों को साकार करने के लिए कर्म जरूरी है, अन्यथा यह मृत विचार किसी भी सफलता का कारण नहीं बन सकते।

आपने अक्सर देखा होगा कि कई लोग अपने जीवन में बड़े सपने देखते हैं, लेकिन वे सफल नहीं हो पाते। ऐसा क्यों होता है? इसका कारण यह है कि केवल सपने देखने से कुछ नहीं होता, जब तक उन सपनों के पीछे समर्पित प्रयास नहीं होते। कभी-कभी लोग पूरे प्रयास के बावजूद भी असफल हो जाते हैं, और इस असफलता का दोष वे अपने भाग्य को देने लगते हैं। लेकिन सच्चाई यह है कि प्रयास सही दिशा में नहीं किए जाते। आपकी

शक्ति और समय तो लगा होता है, लेकिन वह दिशा सही नहीं होती।

कल्पना कीजिए कि आप तीरंदाज हैं और आपका लक्ष्य सामने है। यदि आपका निशाना सही दिशा में नहीं है, तो कितने ही तीर चला लें, आप लक्ष्य को नहीं भेद पाएंगे। इसी प्रकार जीवन में भी, यदि आपके प्रयास सही दिशा में नहीं हैं, तो सफलता आपसे दूर ही रहेगी।

मान लीजिए कि आप एक इंजीनियर बनना चाहते हैं। केवल औजारों के नाम जानने या उन्हें खरीदने से आप इंजीनियर नहीं बन सकते। इसके लिए आपको इंजीनियरिंग की पढ़ाई करनी होगी, उसके नियमों को समझना होगा, उसकी प्रक्रिया को सही ढंग से फॉलो करना होगा। तभी आप एक सफल इंजीनियर बन सकते हैं। यही सिद्धांत हर क्षेत्र में लागू होता है। किसी भी क्षेत्र में जाने से पहले, उसके बारे में गहराई से जानकारी प्राप्त करें, उसे समझें और फिर ध्यानपूर्वक उस दिशा में कार्य करें।

सपनों और इच्छाओं को साकार करने के लिए सही दिशा में किए गए प्रयास आवश्यक हैं। एक बार जब आप अपनी दिशा सही कर लेते हैं और पूरी लगन से कार्य करते हैं, तो सफलता आपके कदमों में होगी। याद रखें, सफलता केवल उनके पास आती है जो न केवल सपने देखते हैं, बल्कि उन्हें सच करने के लिए पूरी ईमानदारी और मेहनत से प्रयास भी करते हैं।

इसलिए, यदि आपके मन में कोई विचार आया है, तो उसे साकार रूप देने में कोई कसर न छोड़ें। सही दिशा में किए गए प्रयास, समर्पण और निरंतरता से ही आप अपनी इच्छाओं को वास्तविकता में बदल सकते हैं। सफलता आपके दृढ़ संकल्प और सटीक प्रयासों का परिणाम होती है, और यह तभी मिलती है जब आप पूरी तरह से समर्पित होकर उस दिशा में काम करते हैं।

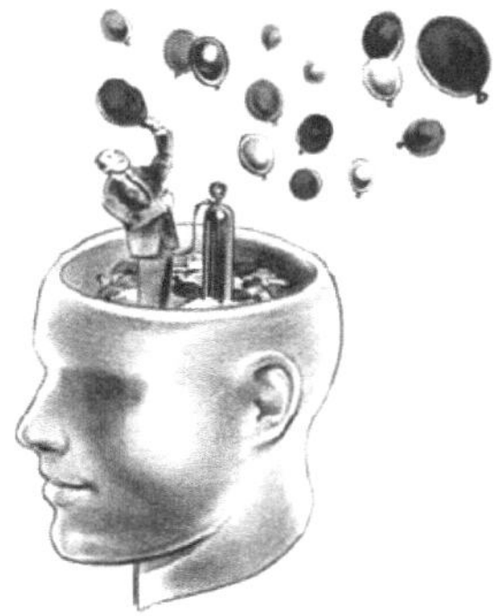

अध्याय - 13

सही समय पर सही निर्णय

सही समय पर सही निर्णय लेना जीवन में सफलता की कुंजी है। जब भी हम किसी महत्वपूर्ण फैसले के मुहाने पर होते हैं, सबसे पहले यह समझना ज़रूरी है कि हम वास्तव में क्या चाहते हैं। हमारी इच्छाएं और आदर्श क्या हैं? यही सवाल हमारे फैसलों का मार्गदर्शन करते हैं। एक बार जब हम अपनी इच्छा और लक्ष्य को स्पष्ट रूप से समझ लेते हैं, तो हमें उसी दिशा में पूरी लगन और ईमानदारी से प्रयास करना होता है।

किसी भी लक्ष्य को प्राप्त करने के लिए सबसे पहले आत्मविश्वास का होना आवश्यक है। हमें हमेशा अपने आप पर और अपनी क्षमताओं पर भरोसा रखना चाहिए। यदि आप यह मानते हैं कि आपके पास वह योग्यता है जिससे आप अपने लक्ष्यों को हासिल कर सकते हैं, तो आप कभी असफल नहीं होंगे। लेकिन यदि आपके मन में बार-बार असफलता का डर और अभावग्रस्त विचार आते रहेंगे, तो आप अपने रास्ते पर बढ़ने से पहले ही हार मान लेंगे।

सफलता का सबसे महत्वपूर्ण सूत्र है – सकारात्मक सोच। जब हम अपने विचारों को आशा और उत्साह से भरते हैं, तो हम कठिन से कठिन परिस्थितियों का भी सामना कर पाते हैं। हमारे विचार हमारी सोच को आकार देते हैं और हमारे कार्यों को दिशा प्रदान करते हैं। इसीलिए, यह आवश्यक है कि हम नकारात्मक विचारों को अपने मन में जगह

न दें। मन में हमेशा यह विचार रखें कि आप सफल होंगे और अपने लक्ष्यों को पूरा करेंगे।

लेकिन सिर्फ सकारात्मक विचार ही पर्याप्त नहीं होते। हमें यह भी देखना होता है कि हमारे प्रयास सही दिशा में हो रहे हैं या नहीं। यदि आप एक वार्षिक परीक्षा में टॉप करना चाहते हैं, तो केवल यह सोचने से कुछ नहीं होगा कि आप टॉपर बन सकते हैं। आपको एक ठोस योजना बनानी होगी। योजना के अनुसार कड़ी मेहनत और अनुशासन से काम करना होगा। एक सही दिनचर्या तैयार करनी होगी, जिसमें आपका अध्ययन नियमित और प्रभावी हो। और सबसे महत्वपूर्ण बात, आपको यह देखना होगा कि आपकी मेहनत और योजना उस दिशा में है जिससे आपका लक्ष्य पूरा हो सके।

हर काम का एक सही समय होता है। सही समय पर लिए गए निर्णय ही आपकी सफलता का आधार बनते हैं। अगर आप उस सही समय को चूक जाते हैं या उस समय पर सही फैसला नहीं कर पाते हैं, तो कई बार आपकी मेहनत व्यर्थ हो सकती है। उदाहरण के लिए, यदि आप अपनी परीक्षा के एक महीने पहले पढ़ाई शुरू करेंगे तो समय कम होने के कारण आपके प्रयासों का पूरा लाभ नहीं मिल सकेगा। वहीं, यदि आप समय रहते तैयारी शुरू करते हैं और नियमित अभ्यास करते हैं, तो सफलता निश्चित रूप से आपके कदम चूमेगी।

इसलिए, अपने लक्ष्यों को पाने के लिए सही दिशा में प्रयास करें। अपने विचारों को सकारात्मक रखें और हमेशा यह सुनिश्चित करें कि आप सही समय पर सही निर्णय ले रहे हैं। जीवन में सही समय पर लिया गया एक फैसला आपकी पूरी दिशा बदल सकता है, और वह आपको आपके सपनों की मंजिल तक पहुंचा सकता है।

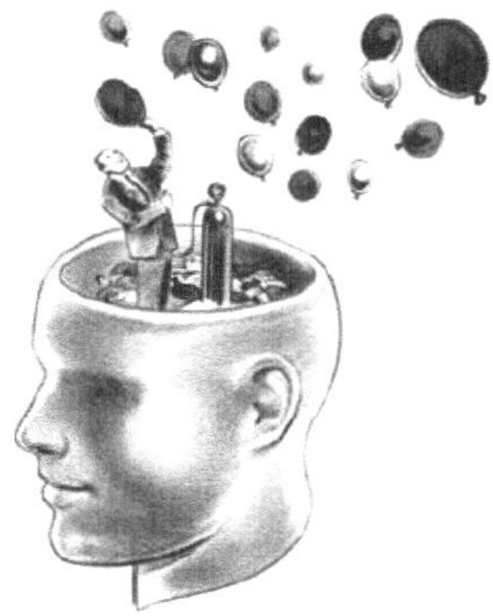

अध्याय - 14

सफलता का बीजमंत्र है- आशापूर्ण विचार

आशा में अपार शक्ति होती है। यह शक्ति न केवल हमारे मानसिक दृष्टिकोण को सकारात्मक बनाती है, बल्कि हमारे कार्यों को भी दिशा देती है। आशापूर्ण विचार हमारे भीतर ऊर्जा का संचार करते हैं और हमें मुश्किलों का सामना करने के लिए प्रेरित करते हैं। जब हम किसी भी कार्य को उत्साह और आशा के साथ शुरू करते हैं, तो हमें रास्ते में आने वाली कठिनाइयाँ छोटी लगने लगती हैं और हम अपने लक्ष्यों की ओर दृढ़ता से आगे बढ़ते हैं।

आपने भी कई बार यह अनुभव किया होगा कि जब आप किसी काम को पूरे आत्मविश्वास और आशा के साथ करते हैं, तो परिणाम भी अच्छे मिलते हैं। इसका सबसे बड़ा कारण यह है कि जब आपके विचार सकारात्मक होते हैं, तो आपकी कार्यक्षमता अपने चरम पर होती है। आप बिना किसी हिचकिचाहट के अपने काम को पूरा करने में जुट जाते हैं, क्योंकि आपके मन में यह विश्वास होता है कि परिणाम अच्छा ही होगा। यह आशा आपको प्रेरित करती है और आपकी शारीरिक व मानसिक शक्ति को भी बढ़ाती है।

दूसरी ओर, जब आपके मन में शंका होती है, तो वह आपके संकल्प को कमजोर कर देती है। शंका का बीज मन में डालते ही आपकी कार्यशक्ति धीरे-धीरे क्षीण पड़ने लगती है और आप अपने लक्ष्य से भटकने लगते हैं। इसलिए, सबसे जरूरी है कि आप अपने

विचारों को हमेशा आशावादी बनाए रखें। आशावादी विचार न केवल आपकी सोच को स्वस्थ रखते हैं, बल्कि आपको अपने हर प्रयास में सफल होने की संभावना भी बढ़ाते हैं।

यह बात भी समझने योग्य है कि निराशा और शंका आपके मन में संदेह और असमंजस की स्थिति पैदा करती हैं। जब आप अपने कार्य या फैसले पर संदेह करते हैं, तो आपकी ऊर्जा नष्ट हो जाती है और आप कार्य को उस जुनून और समर्पण के साथ नहीं कर पाते, जो सफलता के लिए आवश्यक है। लेकिन जब आप अपने विचारों को सकारात्मक रखते हैं और आशावादी रहते हैं, तो यह नकारात्मक भावनाएं आपके पास भी नहीं फटकतीं।

सफलता प्राप्त करने के लिए केवल मेहनत ही नहीं, बल्कि सही मानसिकता भी जरूरी होती है। जब आप यह मान लेते हैं कि ईश्वर ने आपको किसी खास कार्य के लिए चुना है और आपको उसी दिशा में आगे बढ़ना है, तो आपकी आत्मा और शरीर दोनों उस लक्ष्य की प्राप्ति के लिए तैयार हो जाते हैं। यही आत्मविश्वास और सकारात्मक सोच, सफलता के पथ पर आपका सबसे बड़ा साथी बनती है।

आशा, विश्वास, सकारात्मक दृष्टिकोण और स्वस्थ सोच, यही चार तत्व सफलता का आधार होते हैं। इन चारों में से भी आशा वह बीजमंत्र है, जो हमारे जीवन को दिशा देता है और हमें अपने सपनों को साकार करने की प्रेरणा देता है। आशा वह शक्ति है, जो हमारे विचारों को साकार करने में मदद करती है।

इसलिए, अगर आप जीवन में सफल होना चाहते हैं, तो हमेशा आशावादी रहें, अपने विचारों में सकारात्मकता रखें और हर काम को पूरे विश्वास के साथ करें। जब आप अपने भीतर आशा की लौ जलाए रखते हैं, तो कोई भी बाधा आपको आपकी मंजिल तक पहुँचने से रोक नहीं सकती। यही है सफलता का बीजमंत्र – **आशापूर्ण विचार**।

हमेशा याद रहे

- "आपके भीतर अनगिनत क्षमताएं और ताकतें छिपी हैं। खुद पर विश्वास करें, अपनी योग्यता को पहचानें और उसे निखारें। हर व्यक्ति में कुछ खास होता है, बस उसे ढूंढने और विकसित करने की ज़रूरत होती है। आपकी संभावनाएं असीमित हैं, उन्हें खोजें और आगे बढ़ें।"

- "खुद पर भरोसा रखें क्योंकि आपमें बहुत ताकत और काबिलियत है। जब आप खुद पर विश्वास करेंगे, तो बड़ी से बड़ी चुनौतियों को पार कर सकते हैं। आत्मविश्वास से आप अद्भुत काम कर सकते हैं और अपनी मंजिल तक पहुंच सकते हैं। बस हिम्मत और विश्वास बनाए रखें।"

- "आपकी असली ताकत और सफलता आपके विचारों में होती है। जैसा आप सोचते हैं, वैसा ही जीवन में पाते हैं। अगर आपकी सोच सकारात्मक और मजबूत है, तो आप किसी भी मुश्किल को पार कर सकते हैं और जीत हासिल कर सकते हैं। सफलता की कुंजी आपकी सोच में है।"

- "आपके पास कई खास योग्यताएं और क्षमताएं हैं। उन्हें पहचानें और सही तरीके से इस्तेमाल करें। जब आप अपनी काबिलियत को समझकर उसे सही दिशा में

लगाएंगे, तो आप अपनी जिंदगी में बेहतर परिणाम पा सकते हैं और सफलता की ओर बढ़ सकते हैं।

- "आपका आत्मविश्वास ही आपकी सबसे बड़ी ताकत है। जब आप खुद पर भरोसा रखते हैं, तो कोई भी मुश्किल काम आसान हो जाता है। आत्मविश्वास आपको आगे बढ़ने और चुनौतियों का सामना करने की हिम्मत देता है। आपकी असली ताकत खुद पर विश्वास करने में है।"
- "आपके अंदर कई अच्छे गुण और क्षमताएं हैं। इन्हें पहचानें और उनका सही इस्तेमाल करें। जब आप अपने गुणों को समझकर काम करेंगे, तो सही मायनों में सफलता हासिल कर पाएंगे। आपकी असली सफलता आपके गुणों को जानने और उन्हें निखारने में है।"
- "आपके पास बहुत सी काबिलियत और ताकत है। खुद पर भरोसा रखें और यकीन करें कि आप किसी भी लक्ष्य को हासिल कर सकते हैं। आत्मविश्वास से आप बड़ी से बड़ी चुनौतियों का सामना कर सकते हैं और अपनी मंजिल तक पहुंच सकते हैं। बस खुद पर विश्वास बनाए रखें।"
- "आप जैसा सोचते हैं, वैसा ही आपका जीवन बनता है। आपके विचार आपकी असली दुनिया का निर्माण करते हैं। अगर आप अच्छा और सकारात्मक सोचेंगे, तो आपकी जिंदगी भी खुशहाल होगी। आपकी सोच से ही आपकी दुनिया बनती है, इसलिए हमेशा अच्छा सोचें।"
- "आपके विचार आपके जीवन को आकार देते हैं। अगर आप सकारात्मक और अच्छा सोचते हैं, तो आप वैसा ही बनते हैं। आपकी सोच आपके व्यवहार और कामों पर असर डालती है। इसलिए जैसा आप सोचते हैं, वैसा ही आपका व्यक्तित्व और जीवन बनता है।"
- "सकारात्मक सोच से ही जीवन में खुशियां और सफलता मिलती है। जब आप अच्छे और सकारात्मक विचार रखते हैं, तो आपका जीवन बेहतर बनता है।

सकारात्मक सोच से मुश्किलें भी आसान हो जाती हैं और आप अपने लक्ष्य तक पहुंच सकते हैं। अच्छी सोच से ही सुंदर जीवन बनता है।"

- "आपकी सफलता की शुरुआत आपकी सोच से होती है। अगर आप अपने लक्ष्य के बारे में सकारात्मक और अच्छा सोचते हैं, तो आप उसे हासिल कर सकते हैं। सफल होने के लिए सबसे पहले अपने विचारों को सही दिशा में रखना जरूरी है। विचार ही सफलता की पहली सीढ़ी हैं।"
- "आपके विचार ही तय करते हैं कि आपका जीवन कैसा होगा। अगर आप सकारात्मक सोचते हैं, तो विचार आपके सबसे अच्छे मित्र बन जाते हैं और आपको आगे बढ़ाते हैं। लेकिन नकारात्मक सोच आपको पीछे खींचती है, जैसे दुश्मन। इसलिए हमेशा अच्छे विचार रखें।"
- "सकारात्मक सोच से ही सफलता की शुरुआत होती है। जब आप अच्छा और सही सोचते हैं, तो आपकी सोच आपको सही दिशा में ले जाती है। सकारात्मक विचार ही आपको आगे बढ़ने की ताकत देते हैं और आपका जीवन सफल बनाते हैं। सफलता की नींव अच्छे विचारों पर टिकी होती है।"

आपकी काबिलियत और आत्मविश्वास ही आपको उस मुकाम तक पहुँचाएंगे जहाँ से आपके सपनों की शुरुआत होती है। जब आप अपने कौशल में माहिर होते हैं और खुद पर भरोसा करते हैं, तब आप अपने सपनों को सच करने के लिए तैयार होते हैं। यही दो चीजें आपको सफलता की ऊँचाइयों तक पहुँचाती हैं।

- सूर्या सिन्हा

चलते चलते

प्रिय पाठक,

आपके हाथों में यह पुस्तक "सोच बदलो, जीवन बदलो" अब समाप्ति पर है, लेकिन इसका असर, उम्मीद है कि आपके जीवन में अभी शुरू हो रहा है। जब मैंने इस पुस्तक की शुरुआत की थी, तब मेरे मन में एक ही उद्देश्य था—आपको उन विचारों की शक्ति से रूबरू कराना, जिन्होंने मेरे जीवन को गहराई से प्रभावित किया और मुझे बार-बार अपने पैरों पर खड़ा होने का साहस दिया।

इस यात्रा के अंत में, मैं आपसे एक आखिरी बात कहना चाहता हूँ। यह पुस्तक सिर्फ शब्दों का संकलन नहीं है, बल्कि उन अनुभवों और सिखावनों का संग्रह है जो मैंने अपने जीवन के हर मोड़ पर सीखे। इसमें दिए गए सकारात्मक विचारों की शक्ति को आप अपने जीवन में अपनाकर देखिए। जीवन की कठिनाइयाँ, असफलताएँ और चुनौतियाँ तो हमेशा रहेंगी, लेकिन अगर आपके पास सही विचार, सही दृष्टिकोण है, तो आप हर मुश्किल को पार कर सकते हैं।

हम सभी अपनी जिंदगी में किसी न किसी समय अंधकार और असफलता के दौर से गुजरते हैं। लेकिन याद रखें, जैसे वृक्ष कटने के बाद भी अपनी जड़ों से पुनः खड़ा हो सकता है, वैसे ही हम भी अपने विचारों की गहरी जड़ों से फिर से उठ सकते हैं। मेरी यह इच्छा है कि इस पुस्तक के विचार आपके जीवन में वह जड़ें बनें, जो हर कठिन परिस्थिति

में आपको सहारा दें।

आपकी यात्रा यहीं समाप्त नहीं होती, बल्कि यह तो एक नई शुरुआत है। इस पुस्तक का अंत आपके जीवन में नए विचारों और नई संभावनाओं की शुरुआत का प्रतीक है। जीवन के हर क्षण में, हर परिस्थिति में, जब भी आप खुद को कमजोर या हताश महसूस करें, इन सकारात्मक विचारों का सहारा लें।

मेरा सपना है कि मेरे शब्द आपके दिल में जिंदा रहें, आपकी राह को रोशन करें और आपके सपनों को हकीकत में बदलने की प्रेरणा दें। इस पुस्तक के हर पन्ने में छुपे विचार उस धूल से ढकी किताब की तरह न रहें, बल्कि आपके जीवन को नई दिशा देने का जरिया बनें। यही मेरे जीवन की सबसे बड़ी ख्वाहिश है—आपके जीवन को सुंदर, सफल और समृद्ध बनाने की।

सादर धन्यवाद!

सूर्या सिन्हा

website : suryasinha.com

E-mail : suryasinha101@gmail.com

वास्तविक जीवन की कुछ कहानियाँ

यहाँ कुछ टेस्टिमोनियल्स प्रस्तुत की जा रही हैं जो यह दिखाती हैं कि कैसे श्री सूर्या सिन्हा से प्राप्त रियल लाइफ एजुकेशन और नेटवर्क मार्केटिंग ट्रेनिंग्स ने वितरकों और ग्राहकों के जीवन में सफलता की नई राहें खोलीं। यह कहानियाँ बताती हैं कि कैसे उन्होंने अपने नेटवर्क मार्केटिंग करियर को सफलतापूर्वक स्थापित किया और एक बेहतरीन लीडर के रूप में अपने आप को विकसित किया:

☞ महागुरु सूर्या जी,हाल ही में असम में आयोजित आपका तीन दिवसीय 'लक्ष्य निर्धारण एवं स्वप्न निर्माण कार्यक्रम' अत्यंत सफल रहा। इस कार्यक्रम में भाग लेने वाले सैकड़ों युवक-युवतियों ने मुझसे कहा कि आपके मार्गदर्शन से उन्हें जीवन में नई दिशा मिली है। कई लोगों ने बताया कि आपके सत्र से उन्हें अपने जीवन के लक्ष्यों को स्पष्ट करने और उन पर कार्य करने की सटीक तकनीक प्राप्त हुई। विशेष रूप से आपके उदाहरणों और व्यावहारिक उपायों ने सभी को प्रेरित किया। सभी की यह मांग है कि असम में आपके और कार्यक्रम आयोजित किए जाएं, जैसे 'नेटवर्क मार्केटिंग में सफलता,' 'व्यक्तित्व विकास,' और 'नेतृत्व कौशल।' हमारा समूह जल्द ही इस संबंध में निर्णय लेगा और आपको सूचित करेगा। आपकी उपस्थिति ने यहाँ गहरा प्रभाव छोड़ा है और हम सभी आपके अगले कार्यक्रम का बेसब्री से इंतजार कर रहे हैं।

विश्वजीत दत्ता (असम)

☞ सूर्या जी,आज आपको 'प्रबंधन गुरु' के रूप में पहचानना मेरे लिए गर्व की बात है। जब मैंने कोलकाता में आपके 'सफलता का रहस्य' कार्यक्रम में भाग लिया, तो मुझे एहसास हुआ कि नकारात्मक सोच और असफलता का डर मुझे आगे बढ़ने से रोक रहा था। आपके व्याख्यान के बाद मेरी सोच पूरी तरह से बदल गई। आपके द्वारा सिखाए गए सकारात्मक विचारों और आत्मविश्वास की तकनीकों ने मेरे जीवन को नई ऊर्जा और उत्साह से भर दिया है। अब मैं न केवल सकारात्मक दृष्टिकोण रखता हूँ, बल्कि अपने जीवन का भरपूर आनंद भी ले रहा हूँ। आपने मेरे जीवन में जो बदलाव लाया है, वह मेरे लिए हमेशा प्रेरणा का स्रोत रहेगा। मैं अब जीवन में नई ऊंचाइयों को छूने की योजना बना रहा हूँ, और इस नई दृष्टि का श्रेय आपको जाता है।

पीयूष डे (कोलकाता)

☞ प्रिय महागुरु श्री सूर्या सिन्हा जी, मैं आपके प्रति अपनी गहरी कृतज्ञता व्यक्त करने के लिए इस पत्र को लिख रहा हूँ। आप वास्तव में एक महान गुरु और सेवक हैं, जिनकी करुणा और सेवा भावना अद्वितीय है। मैंने स्वयं देखा है कि किस प्रकार आप अपनी ऊर्जा और संसाधनों को निस्वार्थ रूप से जरूरतमंदों की सेवा में लगाते हैं। आपकी गुरुत्व शक्ति ने न जाने कितने लोगों को सशक्त और आत्मनिर्भर बनाया है। आपकी दी हुई शिक्षाएँ और अनुभव ने मेरे जीवन को एक नई दिशा दी है, और आपके मार्गदर्शन के बिना मैं कभी सफल नेटवर्क लीडर नहीं बन पाता। आपके प्रति मैं तहे दिल से आभार व्यक्त करता हूँ।

विकास गुप्ता, कोलकाता (नेटवर्क लीडर)

☞ प्रिय श्री सूर्या सिन्हा जी, आपके मार्गदर्शन में किया गया व्यक्तित्व विकास पाठ्यक्रम मेरे जीवन का मार्गदर्शक साबित हुआ है। मैंने सीखा कि जीवन में आने वाली अनगिनत समस्याओं से कैसे निपटा जाए और एक सुंदर जीवन कैसे जिया जाए। आपसे प्राप्त ज्ञान ने मुझे आत्मविश्वास दिया है और अब मैं अपने जीवन के हर पहलू में सुधार अनुभव कर रहा हूँ। इस पाठ्यक्रम ने मेरी सोचने की शैली बदल दी है और अब मैं जीवन की कठिनाइयों को समाधान की दृष्टि से देखता

हूँ। आपने मुझे जीवन को एक नए नजरिए से जीना सिखाया है, और सकारात्मक सोच और आत्मविश्वास के साथ हर चुनौती का सामना करना सिखाया है।

कमलेश प्रसाद (गोरखपुर)

☞ प्रिय महागुरु श्री सूर्या सिन्हा जी, मैं जब भी पीछे मुड़कर देखता हूँ, तो आपका आशीर्वाद और आपकी सिखाई गई तकनीकें मेरे हर कदम पर दिखाई देती हैं। आपने मुझे नेटवर्क मार्केटिंग में सफलता पाने के लिए सही दिशा दिखाई और मुझे एक प्रभावी लीडर बनने में मदद की। आपकी शिक्षा ने मुझे सिखाया कि केवल कड़ी मेहनत ही पर्याप्त नहीं है, बल्कि सही रणनीति और दृष्टिकोण भी आवश्यक हैं। आज जो भी सफलता मुझे मिली है, उसका श्रेय आपके मार्गदर्शन को जाता है। आपके प्रति मेरी भावनाओं को शब्दों में व्यक्त करना कठिन है, लेकिन मैं आपको अपने दिल से आभार व्यक्त करता हूँ।

मनीष कुमार, नागपुर (नेटवर्क लीडर)

☞ प्रिय महागुरु जी, आपकी सिखाई हुई बातें और ट्रेनिंग ने मेरी पूरी नेटवर्क मार्केटिंग यात्रा को बदल कर रख दिया। पहले मैं दिशाहीन था, लेकिन आपने मुझे स्पष्ट दृष्टिकोण और मजबूत रणनीतियाँ दीं, जिनसे मुझे व्यापार में सफलता का मार्ग मिला। आपने मुझे दिखाया कि कैसे एक मजबूत नेटवर्क बनाया जाए और उसे प्रभावी रूप से प्रबंधित किया जाए। आज मैं जो भी सफल लीडर और वितरक हूँ, वह आपके मार्गदर्शन का ही परिणाम है। मैं आपके प्रति तहे दिल से आभार व्यक्त करता हूँ और हमेशा आपका आशीर्वाद चाहता हूँ।

दीपक यादव, कानपुर (लीडर और नेटवर्क बिल्डर)

☞ प्रिय महागुरु श्री सूर्या सिन्हा जी, आपके साथ बिताया हुआ हर पल मेरे जीवन में एक नई रोशनी लेकर आया है। आपकी ट्रेनिंग से पहले मुझे नेटवर्क मार्केटिंग की जटिलताएँ समझ में नहीं आती थीं, लेकिन आपने मुझे सरल और प्रभावी रणनीतियाँ सिखाईं, जिन्होंने मेरे जीवन को पूरी तरह बदल दिया। आज मेरी सफलता का श्रेय सिर्फ और सिर्फ आपकी सिखाई गई रणनीतियों को जाता है। आपके बिना यह संभव नहीं हो पाता, और मैं आपको अपनी दिल से आभार

व्यक्त करता हूँ। आपकी शिक्षाएँ मेरे जीवन का आधार बन गई हैं।

संदीप गुप्ता, भोपाल (सफल वितरक)

☞ प्रिय महागुरु श्री सूर्या सिन्हा जी, आपके मार्गदर्शन ने मेरे जीवन को पूरी तरह से बदल दिया है। आपकी ट्रेनिंग ने मेरे नेटवर्क मार्केटिंग कौशल को एक नई ऊँचाई दी और मेरे भीतर का आत्मविश्वास फिर से जागृत किया। जहाँ पहले मैं संकोच और आत्मविश्वास की कमी से जूझ रहा था, अब आपकी सिखाई तकनीकों और प्रेरणा ने मुझे वह आत्मबल प्रदान किया जो एक सफल वितरक और लीडर बनने के लिए आवश्यक होता है। आपने मुझे जीवन में नए अवसर दिखाए और व्यापार को आगे बढ़ाने का सही रास्ता दिखाया। मैं जीवन भर आपका आभारी रहूँगा।

अविनाश चौधरी, रायपुर (सफल लीडर)

☞ प्रिय महागुरु जी, आपकी शिक्षाओं ने मुझे यह सिखाया कि नेटवर्क मार्केटिंग केवल एक व्यवसाय नहीं है, बल्कि एक कला है। आपकी ट्रेनिंग से पहले मैं एक साधारण वितरक था, लेकिन आपके मार्गदर्शन ने मुझे एक प्रभावी लीडर बनने की दिशा में प्रेरित किया। आपने मुझे यह समझाया कि केवल धनार्जन ही नहीं, बल्कि एक सशक्त टीम बनाना और उसे सही दिशा में ले जाना कितना महत्वपूर्ण है। आपकी प्रेरणा और तकनीकों ने मुझे मेरे नेटवर्क में सफलता दिलाई और आज मैं एक सफल लीडर हूँ। आपके प्रति दिल से आभार व्यक्त करता हूँ।

राकेश गुप्ता, पटना (नेटवर्क लीडर)

☞ महागुरु सूर्या जी, आसाम में हाल ही में आयोजित आपका तीन दिवसीय 'Goal Setting and Dream Building Programme' असाधारण रूप से सफल रहा। इस कार्यक्रम में भाग लेने वाले सैकड़ों युवक-युवतियों ने मुझसे साझा किया कि आपके द्वारा दिए गए मार्गदर्शन ने उन्हें जीवन में एक नई दिशा दी है। कई लोगों ने बताया कि उन्हें अपने जीवन के लक्ष्यों को स्पष्ट करने और उन पर काम करने की सही तकनीक आपके सत्र से मिली। विशेष रूप से आपके उदाहरणों और प्रायोगिक तकनीकों ने सभी को प्रेरित किया।सभी की यह मांग है कि आसाम में आपके और भी कार्यक्रम आयोजित किए जाएं, जैसे कि 'नेटवर्क मार्केटिंग में

सफलता,' 'पर्सनैलिटी डेवलपमेंट,' और 'लीडरशिप स्किल्स' पर। इस दिशा में हमारा समूह जल्द ही निर्णय लेकर आपको सूचित करेगा। आपकी उपस्थिति ने यहां एक गहरा प्रभाव छोड़ा है, और हम सभी आपके अगले कार्यक्रम की प्रतीक्षा कर रहे हैं।

विश्वजीत दत्ता (आसाम)

☞ सूर्या जी,आपको एक 'मैनेजमेंट गुरु' के रूप में पहचान दिलाना आज मेरे लिए गर्व की बात है। जब मैंने कोलकाता में हुआ आपका 'Secret of Success' प्रोग्राम अटेंड किया, तो मुझे इस बात का एहसास हुआ कि मेरे जीवन में नकारात्मक विचार और अनहोनी की आशंकाएं मुझे पीछे खींच रही थीं। आपके व्याख्यान के बाद, मेरी सोच पूरी तरह से बदल गई। आपके द्वारा सिखाए गए सकारात्मक विचारों और आत्म-विश्वास से संबंधित तकनीकों ने मेरे जीवन में उत्साह और नई ऊर्जा भर दी। अब मैं न केवल सकारात्मक दृष्टिकोण रखता हूँ, बल्कि अपने जीवन का सही आनंद भी उठा रहा हूँ। मेरे जीवन में जो परिवर्तन आपने लाया, वह मेरे लिए जीवनभर की प्रेरणा रहेगा। अब मैं आगे बढ़कर नई ऊंचाइयों को छूने की योजना बना रहा हूँ, और इस नई दृष्टि का श्रेय मैं आपको ही देता हूँ।-

पीयूष डे (कोलकाता)

☞ सूर्या सिन्हा जी,आपके मार्गदर्शन में किए गए पर्सनैलिटी डेवलपमेंट कोर्स ने मेरे जीवन की दिशा बदल दी है। मैंने सीखा कि जीवन में आने वाली अनगिनत समस्याओं से कैसे निपटा जा सकता है और कैसे एक सुंदर जीवन जिया जा सकता है। आपसे मिले इस ज्ञान ने मुझे आत्मविश्वास दिया है और अब मैं अपने जीवन के हर पहलू में सुधार महसूस कर रहा हूँ। इस कोर्स ने मेरे सोचने के तरीके को पूरी तरह बदल दिया है और अब मैं जीवन की कठिनाइयों को समाधान के नजरिए से देखता हूँ। आपने न केवल मुझे एक नए दृष्टिकोण से जीवन जीना सिखाया है, बल्कि यह भी सिखाया है कि कैसे सकारात्मक सोच और आत्मविश्वास के साथ हर चुनौती का सामना किया जा सकता है।-

कमलेश प्रसाद, गोरखपुर

☞ मैं हमेशा से आत्मविश्वास की कमी से जूझता रहा हूँ। किसी भी मंच पर या सार्वजनिक रूप से बोलने में हिचकिचाहट होती थी। लेकिन जब मैंने आपके पर्सनैलिटी डेवलपमेंट कोर्स को किया, तो मेरा आत्मविश्वास अद्वितीय रूप से बढ़ा है। अब मैं बिना किसी झिझक के, आत्मविश्वास के साथ बोल सकता हूँ। इस कोर्स के बाद, मैंने महसूस किया कि मेरे भीतर असीमित संभावनाएं हैं। इस कोर्स ने न केवल मेरे व्यक्तित्व को निखारा है, बल्कि मुझे अपने जीवन में आने वाली चुनौतियों का सामना करने के लिए भी तैयार किया है। अब मुझे ऐसा लगता है कि मैंने अपने जीवन की सबसे बड़ी बाधा को पार कर लिया है।

अशोक त्यागी, दिल्ली

☞ श्री सूर्या सिन्हा जी की कार्यशाला मेरे जीवन में सबसे बड़ा बदलाव लेकर आई है। पर्सनैलिटी डेवलपमेंट कोर्स में शामिल होकर मैंने अपनी मानसिक, भावनात्मक और आध्यात्मिक क्षमताओं को पहचाना। अध्यात्म के प्रति मेरी रुचि पहले से कहीं अधिक बढ़ गई है। इस कोर्स ने मुझे समय का सही उपयोग करने और स्वास्थ्य के प्रति जागरूक होने का महत्व सिखाया। मेरी याददाश्त भी काफी बढ़ी है। यह कार्यशाला न केवल मेरे जीवन में सकारात्मक बदलाव लेकर आई है, बल्कि इसने मुझे यह भी सिखाया है कि अपने जीवन को एक सही दिशा में कैसे मोड़ा जाए। मेरा अनुभव अद्भुत रहा, और मैं दूसरों को भी इस तरह के कोर्स में भाग लेने की सलाह दूंगा, ताकि वे भी जीवन को नए नजरिए से देख सकें।

असलम खान, लखनऊ

☞ पर्सनैलिटी डेवलपमेंट कोर्स में भाग लेने के बाद, मैंने अपने भीतर अद्भुत बदलाव महसूस किया। अब मेरा मन शांत रहता है, और जीवन में स्फूर्ति और आनंद की अनुभूति होती है। पहले जो आदतें बदलने का नाम नहीं ले रही थीं, वे अब धीरे-धीरे दूर हो रही हैं। अब मुझे जीवन में डर या संकोच नहीं होता, और आत्मविश्वास भी काफी बढ़ गया है। मुझे यह कोर्स करने के बाद ऐसा लगता है कि मैंने जीने का सही तरीका सीख लिया है। मैं अब खुद पर गर्व महसूस करता हूँ और जीवन में अपने उद्देश्यों को प्राप्त करने के लिए प्रेरित हूँ।

तारिक अनवर, अहमदाबाद

एक विनम्र निवेदन

प्रिय पाठकों,

मेरी आपसे दिल से गुजारिश है कि यदि आपको "सोच बदलो, जीवन बदलो" किताब में कोई महत्वपूर्ण और उपयोगी बातें मिली हैं, तो कृपया इस ज्ञान को अपने दोस्तों, परिवार और सहकर्मियों के साथ साझा करें। आपकी यह छोटी सी पहल उनके जीवन में आत्म-विकास और सकारात्मक बदलाव लाने में मददगार हो सकती है।

इस किताब में दिए गए सकारात्मक विचारों को अपनाने से न केवल व्यक्तिगत जीवन में बल्कि पेशेवर जीवन में भी बड़े परिवर्तन आ सकते हैं। इसलिए, यदि आपको यह पुस्तक प्रेरणादायक लगी हो, तो सोशल मीडिया या किसी अन्य माध्यम से इसे और लोगों तक पहुँचाने का प्रयास करें। इससे अधिक से अधिक लोग "सोच बदलो, जीवन बदलो" की शिक्षाओं और प्रेरणा से लाभान्वित हो सकेंगे और उनके जीवन में भी सकारात्मक बदलाव आएगा।

आपका समर्थन मेरे लिए बेहद खास है। यह जानकर मुझे खुशी होगी कि हम मिलकर लोगों के जीवन में बदलाव ला रहे हैं और उन्हें सफलता की राह पर आगे बढ़ने में मदद कर रहे हैं।

आइए, हम सब मिलकर उन लोगों की मदद करें जो अपने जीवन में एक नया मोड़ लेना चाहते हैं और सफलता की ओर अग्रसर हैं। आपके प्रयासों और समर्थन के लिए मैं दिल से आभार प्रकट करता हूँ।

सदैव आपका

सूर्या सिन्हा